UNGAFELI EZONWENI ZAKHO

Abanye abakaze bacabange ukuthi bonke abantu abamiselwe kufa kuphela, kepha nokuthi ikusasa lethu lihlanganise nokuma phambi kukaNkulunkulu walo lonke eli ukuze siphendule. Incwadi kaRabi Greg Hershberg ethi (Don't Die in Your Sins) Ungafeli ezonweni zakho, ikhuluma ngokufa kanye nalokho okungaphezukwakho. Sidinga uMsindisi ozosilindela ngale kwethuna, ongasiqondisa ngokuphepha ekhaya. Igama lalowo Msindisi nguJesu (uYeshua ngesi-Hebheru). Uyimpendulo yokuphila kwanamuhla kanye nokuphila kwaphakade. Kepha singaza kanjani ekumazinin lo Msindisi futhi siziqinisekise ngomphumela omuhle? Impendulo ingaphakathi kulamakhasi.

UDkt. H. Dean Haun
Umfundisi Omkhulu, iBandla Lokuqala LamaBaptist, eMorristown, Tennessee
UMongameli nomsunguli, i-Harvest of Israel
OwayenguMongameli weTennessee Baptist Convention

URabi Greg Hershberg ubhale incwadi elula ukuyifunda nephathekayo ezokusiza uqonde kangcono ivangeli futhi ezoqinisa ukholo lwakho.

URabi Jonathan Bernis
UMongameli kanye ne-CEO, i-Jewish Voice Ministries

UNGAFELI EZONWENI ZAKHO

Incazelo Elula Yezindaba Ezinhle
Kakhulu Ezaziwa Abantu

UGREG HERSHBERG

www.getzel.org

Ungafeli Ezonweni Zakho

© 2023 nguGreg Hershberg

Onke amalungelo agodliwe. Ishicilelwe ngo-2023.

Sicela ungakhiqizi kabusha, ugcine ohlelweni lokubuyisa, noma
udlulise nganoma iyiphi indlela noma nganoma iyiphi indlela - ngogesi,
ngomshini, ngokwenza amakhophi, okurekhoda, noma ngenye
indlela, ngaphandle kwemvume ebhaliwe evela kumshicileli.

Umklami Wesembozo: J. Martin

Umhumushi: M. Msibi

Umhleli: S. Didi

Printed in South Africa

Aneko Press

www.anekopress.com

I-Aneko Press, i-Life Sentence Publishing, kanye namalogo ethu ayizimpawu
zokuthengisa ze-Life Sentence Publishing, Inc.

203 E. Birch Street

P.O. Box 652

Abbotsford, WI 54405

INKOLO / Imfundiso Yenkolo YamaKristu / Sotheriyoloji

Paperback ISBN: 979-8-88936-535-8

eBook ISBN: 979-8-88936-536-5

10 9 8 7 6 5 4 3 2 1

Iyatholakala lapho kuthengiswa khona izincwadi

OKUQUKETHWE

ISINGENISO SAMI EKUFENI

Ngikhumbula sengathi kwenzeka izolo. Ngangiwumfana oneminyaka eyisishiyagalombili ngihleli ebhavini, ngizwa umama wami ekhala etshela ubaba ukuthi ugogo useshonile. Kwangiphatha kabi kakhulu, hayi ngoba ngangizwa umama ekhala kuphela, kepha nokwazi ukuthi ngeke ngiphinde ngimbone ugogo. Nakuba ngangazi kancane kakhulu ngokufa nokushona, ngangazi ngokwanele ukuthi wayengasekho unomphelo. Wayengugogo wami wokugcina owayesaphila, futhi kwakubuhlungu kakhulu. Wayengeyena nje ugogo wami wokugcina ophilayo kuphela, kepha wayengumuntu omuhle, onomoya omnene, futhi wayehlale engenza ngizizwe ngithandwa.

Akekho owake wakhuluma nami ngokufa, futhi ngangingakaze ngilahlekelwe umuntu osondelenenami, ngakho ngangingenalwazi olukhulu lokuthi kwenzekani kumuntu emva kokufa. Ukufa kuyindaba iningi lethu elingathandi ukucabanga noma ukukhuluma ngayo. Nokho, okudabukisayo ukuthi sonke siyakuhlangabezana

1

nakho. Eqinisweni, iningi lethu lilahlekelwa abangani abaningi, amalungu omndeni, nabanye esibathandayo phakathi nempilo yethu. Kuyiqiniso elidabukisayo esingathandi ukubhekana nalo. Ngisho noma umuntu eshonile, sivame ukusebenzisa amagama azodambisa umuzwa. Sisho izinto ezinjengokuthi, "Udlulile," noma "Usendaweni engcono," noma "Ubuyele ekhaya." Kodwa iqiniso lihlala linjalo: lowo muntu ushonile.

Kunezizathu eziningi ezenza abantu abaningi besabe ukufa. Esinye isizathu siwukwesaba okungaziwa. Ukufa kuse yeyona fr4rxnto engaziwa kakhulu ngoba akekho emlandweni wesintu oke wasinda kukho ukuze asitshele ukuthi kwenzekani ngempela emva kokuphefumula kwethu kokugcina. Kukhona abanye abantu la ngaphandle abathi bafa, base baya ezulwini noma esihogweni, kodwa ngoba akukho ubufakazi besayensi obuqinisekisa izindaba zabo, abemukelwa kabanzi. Kungokwemvelo yomuntu ukufuna ukuqonda nokwenza umqondo ngezinto ezisemhlabeni wethu.

Esinye isizathu esenza abantu besabe ukufa ukwesaba ukungabi khona. Abantu abaningi besaba umqondo wokuthi bazophela ngokuphelele, bangabe besabakhona. Sivame ukuhlanganisa lokhu kwesaba nabantu abangakholelwa kuNkulunkulu noma abanye abangenaso isiqiniseko sobuKristu noma okomoya. Nokho, abantu abaningi bokholo bakhathazwa nawukuthi ukukholelwa kwabo ekuphileni emva kokufa kungase kungabi yiqiniso, noma ukuthi abakutholanga ukuphila okuphakade besaphila. Yebo, ngisho nabantu bokholo balwa nombono wokufa nokuphila emva kokufa.

Bese kuba khona ukwesaba isijeziso saphakade.

Ngokufanayo nokwesaba ukungabi khona, lesi akusona kuphela isimo sabantu abakholelwa kakhulu noma abanokholo oluqotho. Abantu abaningi, kungakhathaliseki ukuthi banokholo olungakanani noma abanazo yini izinkolelo ezingokomoya, besaba ukuthi bazojeziswa ngalokho abakwenza noma abangakwenzanga ngesikhathi besemhlabeni. Banalo mqondo abazalwa nawo wokuthi kuzofanele bakhokhe ngezenzo zabo ezimbi.

Kukhona nokwesaba ukulahlekelwa ukulawula. Imvelo yomuntu ngokuvamile ifuna ukulawula izimo esihlangabezana nazo, kodwa ukufa kuhlala kuyinto esingakwazi ukuyilawula. Lokhu kwethusa abantu abaningi. Abanye abantu bangase bazame ukusebenzisa uhlobo oluthile lokulawula ukufa ngokuziphatha ngendlela ecophelela kakhulu ukuze bagweme izingozi, noma ngokuhlolwa njalo, kodwa iqiniso lihlala linjalo: wonke umuntu usashona.

Okokugcina, kukhona ukwesaba ukuthi kuzokwenzekani kubathandekayo bethu. Okunye ukwesaba okuvamile ngokufa kugxile ekukhathazekeni ngokuthi kuzokwenzekani kulabo esiphathiswe ukubanakekela uma sifa. Abazali, isibonelo, bangakhathazeka ngengane esanda kuzalwa noma encane. Amalungu omndeni anakekela othile ekhaya angase esabe ukuthi akekho omunye ongakwazi ukusingatha izidingo nezimfuno zesiguli sabo. Omunye osakhulayo angakhathazeka ngomqondo wokushiya umyeni noma inkosikazi yakhe yodwa ngenxa yokufa.

Ukwesaba ukufa okusempilweni kungasikhumbuza ukuthi sisebenzise isikhathi sethu lapha emhlabeni ngendlela efanele futhi singathathi ubudlelwane bethu njengento encane. Ukwesaba iqiniso lokufa kungase kusishukumisele ukuba sisebenze kanzima ukuze sishiye ifa elihlala njalo. UGeorge Bernard Shaw wakufingqa kahle ngokuthi: "Ngifuna ukusetshenziswa ngokuphelele lapho ngifa, ngoba njengoba ngizikhandla ngamandla, yilapho ngiphila ngokwengeziwe."[1] Njengoba sekushiwo lokho, ukufa kuyimpicabadala okudinga kukhulunywe ngayo, noma ngabe kubiza malini, ngoba sonke sizofa.

---

1   George Bernard Shaw, Man and Superman, Act IV (London: Royal Court Theatre, 1905).

UKUFA AKUNAKUGWENYWA

Kuhle ukukhuluma nezingane zakho ngokufa. Uma sebekhule ngokwanele ukuthi ukhulume nabo ngocansi, sebekhule ngokwanele ukuthi ukhulume nabo ngokufa – futhi kubaluleke kakhulu ukuthi ukwenze lokho. Ngangihlale ngiwumsubathi futhi ngiwumuntu othanda ukuqina. Awukho umdlalo engingawudlalanga. Ngangiwuthanda umncintiswano, kanye nomuzwa engangiwuthola ekuzilolongeni uqobo. Ngangingazi ukuthi lapho uzivocavoca, ubuchopho bakho bukhipha ama-endofini. Ama-endofini angamakhemikhali (amahomoni) akhishwa umzimba wakho lapho uzwa ubuhlungu noma ukucindezeleka. Akhishwa ngesikhathi sezinto ezijabulisayo ezinjengokuzivocavoca, ukudla, kanye nokwenza ucansi. Ama-endofini asiza ukukhulula ubuhlungu, ukunciphisa ukucindezeleka, futhi athuthukise umuzwa womuntu wenhlalakahle. Ama-endofini ngokuyisisekelo ayizidambisi zinhlungu zemvelo. Angamakhemikhali "okwenza uzizwe kahle" ngoba akwenza uzizwe ungcono futhi akubeke esimeni

5

esihle sengqondo. Kuze kube namuhla, ngidinga ukuzivocavoca – hhayi kakhulu ukuze ngizuze ngokomzimba, kodwa kunalokho ukuze ngithole umvuzo wokuzizwa ngijabule.

Umkami naye wayengumsubathi esikoleni, futhi kamuva waba umqeqeshi we-aerobics nomqeqeshi womuntu siqu. Eqinisweni, sahlangana esikhungweni sokuzivocavoca eNew York. Ngangisesigabeni sokuphila kwami lapho ngangifuna ukuhlala ngingashadile. Ngangisanda kuqeda ubuhlobo obujulile obungazange busebenze ngenxa yezizathu eziningi, ngakho ngangidinga nje ikhefu. Kepha ngokubuka kanye nje kulobu buhle obumangalisayo ngemuva kwedeski lokwamukela izivakashi le-Jack LaLanne Fitness Center, ngangise ngisemhlabeni wamaphupho.

Lapho kanye sesishadile futhi saqala umndeni, kwakungokwemvelo ukuba izingane zethu zifundiswe ukuzivocavoca njengengxenye yendlela yazo yokuphila. Ngafaka amadodana ami kwezemidlalo, nasekuphakamiseni izinsimbi. Nangempela bathathela khona, bagcina sebejwayele ukujima. Ngokushesha baqonda amandla abo, baqala ukuphakamisa kanzima futhi kwakheka imizimba yabo – kangangokuthi ngesikhathi ngigcina ukubambana nabo, imisipha yoshwilisa ehlombeni lam yaqhuma – futhi angiyena olula. Ngaphezu kokuthi ihlombe lami alisoze lafana, ngangiziqhenya kakhulu ngemizamo yabo. Kwangeso sikhathi, ngaba nomuzwa wokuthi badinga ukwazi ukuthi ngolunye usuku amandla abo ayobe engasekho futhi imizimba yabo iyolala ethuneni. Nakuba kungase kuzwakale kudabukisa, kuyinkulumo okufanele ibe khona.

Amadodakazi ami nawo ayenamakhono emidlalo. Baphinde baqeqeshwa kwezemidlalo futhi baba abasubathi abaqhudelanayo. Angifuni ukuzwakala ngicwasa ngokobulili, kodwa base beqaphela ukubukeka kwabo, ngakho baqala ukufaka izimonyo. Kwakumele bazi ukuthi ngelinye ilanga lobubuhle buzophela futhi nemizimba yabo iyolala ethuneni. Siza izingane zakho zibone ukuthi ukunakekela imizimba yazo kubalulekile, kodwa ukunakekela imiphefumulo yazo kubaluleke kakhulu. Ngizwa abazali abaningi bekhuluma ngezingane zabo ezihlakaniphile nokuba abadlali abanekhono, kepha angizwi ngokwanele abazali bekhuluma ngokuthi isimilo sezingane zabo sihle kangakanani noma ukuthi zinozwela kangakanani noma ukuthi zifana kanjani noKristu. Njengoba iBhayibheli lisho: Nakuba ukuzivocavoca komzimba kunenzuzo ethile, kodwa ukuhlonipha unkulunkulu kuenzuzo kuzo zonke izinto, njengoba buqukethe isithembiso sempilo yamanje nesezayo (1 Thimothewu 4:8).

Kungumbono wami ukuthi wonke umuntu kufanele abe khona okungenani emngcwabeni owodwa ngonyaka. Sonke siyathanda ukuya emishadweni: injabulo, ukujabula, ukugujwa – kumnandi kakhulu. Imishado imayelana nokuphila – futhi ukufa nokubhuibha akutholakali ndawo. Ngakolunye uhlangothi, ukuya emngcwabeni kusikhumbuza ukuthi ukuphila kungumhwamuko (Jakobe 4:14), futhi ngolunye usuku izimpilo zethu zizobe zingasekho. Emngcwabeni, ukufa kukushaya ngqo ebusweni; awukwazi ukukubalekela. Uma ngizwa isaziso sokuthi othile ushonile, ngiye ngizame ukukhumbula ukuthi ngelinye ilanga othile uyoba yimi.

Ukuphila okufushane ngakuzwa kwangempela kwangaphambili. Bobabili okhokho bami bashona ngingakazalwa, ngakho angizange ngibabone. Ogogo bami ababili bashona ngingakabi neminyaka eyishumi ubudala. Ukufa kwangishaya kakhulu ngineminyaka eyishumi nanhlanu lapho ubaba eshona. Ubaba wayephila kanzima. Washonelwa uyise esemncane kakhulu. Eminyakeni embalwa kamuva, eneminyaka eyishumi ubudala, kwagadla i-Great Depression yango-1929. Akazange ajabulele ubuntwana obujwayelekile. Lapho eneminyaka engamashumi amabili nanye, wajoyina iRanger ukuze alwe eMpini Yezwe II. Wakolonyeliswa ngeBronze Star ngenxa yesibindi, waphinde wathola nePurple Heart. Uphinde wabikwa njengolahlekile esenzweni, ngakho-ke ungacabanga nje nge-PTSD afika nayo ekhaya. Zazingekho izikhathi zokwelulekwa ngaleso sikhathi. Bafika nje ekhaya bathola imisebenzi ukuze bakwazi ukuziphilisa.

Ubaba wasebenza endaweni yokulayisha futhi akazange aphume kumaphrojekthi. Umsebenzi wakhe wawukhandleka futhi ungenangqondo. Kuye, konke kwakuphathelene nokunakekela umndeni wakhe. Wayeyindoda enamandla, futhi ngangihlale nginomuzwa wokuthi akukho okubi okwakungase kwenzeke kimi inqobo nje uma esekhona. Ngamanye amazwi, ngazizwa ngiphephile ngokuphelele futhi ngivikekile lapho nginaye eduze. Wathola ithuba lokuthatha umhlalaphansi ngaphambi kwesikhathi, ngakho wagxumela kulo. Ayefuna ukukwenza nje ukuya emidlalweni embalwa ye-baseball, alalele umculo we-jazz, futhi afunde iphephandaba kusukela phambili kuya emuva. Ngemva kokuthatha umhlalaphansi, ngiyamkhumbula ethi, "Greg, ngilunqobile uhlelo" Wayengazi ukuthi uzofa emasontweni ambalwa kamuva. Angisoze ngakukhohlwa ukubona amadoda amabili angajwayelekile engena efulethini lethu elincane bese athwala ubaba ngaphambi kwami esikhwameni esimnyama eside.

Futhi, ngangingazi okuningi ngokufa – ngaphandle kweqiniso lokuthi ubaba wayengasekho futhi ngangingeke ngiphinde ngimbone. Umlayezo owagxiliswa ekhanda lami ngalolo suku kwaba ukuthi ukuphila kufushane, ngakho-ke kufanele ngiyiphile,futhi ngiyiphile, ndakwenza lokho. Ngangiphila kumzila osheshayo. Angizange ngithembele kwikusasa, ngakho ngiphile usuku ngalunye. Ngangingenandaba nekusasa. Ubaba wayenesisho esithi: "Phila impilo nsuku zonke sengathi usuku lwakho lokugcina ngoba ngelinye ilanga kuyoba njalo." Nokho, ngangihlale nginovalo lokufa. Engangikwazi nje ukuthi unempilo eyodwa kuphela, ngakho-ke kungcono uyiphile! Abantu bafa ngezindlela eziningi. Abanye bafela empini noma ngezenzo zobudlova. Abanye babulawa izifo, isifo senhliziyo, noma umdlavuza. Kanti abanye bafa ngenxa yokuguga. Isikhathi sokufa sihlukile. Abanye abantu bafa besebancane kanti abanye baphila isikhathi eside. Lezi zinto zibalulekile, kodwa azizona izinto zokugcina. Ngaqaphela ukuthi into ebaluleke kakhulu okufanele ngicabange ngayo yilokho okwenzeka kithi ngemva kokufa.

Kubantu abaningi, ukufa kuyimfihlakalo enkulu

noma ukuphika okukhulu. Abantu bangasigwema ngokuphelele lesi sihloko noma bavele bathi, "Akekho owaziyo, ngakho vele uphile impilo yakho." Labo abangakholelwa kuNkulunkulu bangase bathathe isikhundla sokuthi le mpilo iyona kuphela esinayo futhi iyona yodwa ebalulekile, ngakho bakholelwa ukuthi kufanele bayiphile. Iningi lethu lilala ingxenye yesithathu yezimpilo zethu, bese sisebenza enye ingxenye yesithathu. Uma sihlukanisa ingxenye yesithathu, sinemithwalo yemfanelo, ukugula, nemisebenzi yasekhaya ehlakazeka ngaleso sikhathi. Ngokusho kweWorld Population Review,[2] 2 ngo-2023 kwaba nokufa kwabantu abangama-332,648 ngosuku emhlabeni. Lokho kungu-13,860 ngehora, noma ukufa kwabantu abangama-231 umzuzu ngamunye. Nokho, kuthiwani uma lokhu kungekona konke okukhona? Kuthiwani uma uNkulunkulu ekhona, futhi kuthiwani uma iBhayibheli liyiqiniso ngempela? Lokho kuyosho ukuthi kukhona, eqinisweni, ukuphila ngemva kokufa.

---

2   2023 World Population Review, https://worldpopulationreview.com.

INGABE KUKHONA UKUPHILA EMVA KOKUFA?

Abantu bahlelela ikusasa kakhulu manje kunangaphambilini. Bahlela ngempesheni, 401Ks, IRAs, Ukuvikeleka Komphakathi, umshwalense wempilo, futhi uhlu luyaqhubeka. Kodwa ikusasa lethu liphelelaphi? Amaphesenti angamashumi amahlanu nambili abantu baseMelika akholelwa ezulwini nasesihogweni, kuyilapho amaphesenti angamashumi amathathu nesikhombisa kuphela abantu baseMelika akholelwa ekuvukeni komzimba kwabafileyo. Incwadi kaJobe ibuza umbuzo olula mayelana nokuphila emva kokufa: Uma umuntu efa, ingabe uyophinde aphile? (Jobe 14:14). Kulula ukubuza umbuzo kepha akulula kangako ukuthola umuntu ozophendula umbuzo ngegunya nolwazi.

UJesu nguye kuphela ongakhuluma ngogunyazo lwangempela nolwazi mayelana nempilo yangemva kokufa. Okumnika igunya lokukhuluma ngezulu ukuthi uvela khona. UJesu wayengeyena nje umfundisi ongumuntu ovela kuNkulunkulu. UJesu wayengomunye owaphila noNkulunkulu kusukela phakade futhi weza emhlabeni. Akekho umuntu owayekwazi ukufinyelela ebukhoneni bukaNkulunkulu ngokuqhubekayo ngendlela ayenayo. Wayekwazi ukukhuphukela endaweni kaNkulunkulu yokuhlala ngendlela eyingqayizivele ngoba wehle ezulwini wehlela emhlabeni kwasekuqaleni.

UJesu, ngolwazi lwakhe aluthola mathupha ezulwini, usinika amaqiniso amathathu ayisisekelo mayelana nesihloko sokuphila emva kokufa:

1. Kukhona ukuphila emva kokufa.

2. Kunezindawo ezimbili lapho umuntu ngamunye okufanele akhethe kuzo.

3. Kukhona indlela yokuqinisekisa ukuthi ukhetha kahle.

Esahlukweni seshumi nambili sikaMarku, lapho uJesu ehlangana nabaSadusi, waqinisekisa ukuthi kukhona ukuphila emva kokufa. AbaSadusi babengabacabangi abakhululekile besikhathi sabo, njengoba kunjalo nanamuhla. Babecebile futhi benezikhundla, kuhlanganise nesompristi omkhulu. Basungula uhlelo lokungabaza nokuphika ngokubekezela (lapho konke kuvumelekile) nangokuhlobana kweqiniso (lapho iqiniso liyilokhu olifuna libe yikho). Beza kuJesu nendaba engenangqondo, bezama ukuhlekisa ngawo wonke umqondo wokuvuka kwabafileyo. Akhumbuza uJesu ukuthi uMthetho kaNkulunkulu wawunelungiselelo elikhethekile labafelokazi bakwa-Israyeli. Ukuze ulondoloze uhlu lozalo, uMthetho wawuthi uma indoda ifa ingenamntwana, umfowabo kwakufanele ashade nomfelokazi. Uma abafowabo behlala ndawonye, oyedwa wabo afe engenabantwana, mfelokazi wakhe akavunyelwe ukushada nomuntu ongahlobene naye; umfowabo womyeni wakhe kufanele aye kuye futhi enze umsebenzi womlamu wakhe ngokumshada (Duteronomi 25:5).

Bathi kuJesu: "Ake sithi owesifazane washada nendoda, indoda yafa. Indoda ibe nabafowabo abayisithupha, owesifazane washada nomfowabo olandelayo, naye wafa. Bonke labo bafowabo abayisithupha bafa emva kokushada naye. Ekugcineni, naye washona." Manje beza nombuzo abawubona uhlakaniphile: "Ekuvukeni kwabafileyo uzakuba ngumkabani na?" Babezibona behlakaniphile, kodwa uMsindisi wabatshela ukuthi babengazi lutho nhlobo ngayo yomibili iMibhalo, efundisa ngokuvuka kwabafileyo, nangamandla kaNkulunkulu, avusa abafileyo.

Ake ucabange isimo. Ngezansi kwakukhona izicukuthwane zomphakathi, izifundiswa, nabathandi bamandla. Babeyizikhulu, ezazixhumene neRoma kwezepolitiki, kanye nethempeli eJerusalema. Babengazwani kahle nabantu abavamile, nabantu abavamile nabo babengazwani kahle nabo. UJesu, owayengumuntu ojwayelekile ovela edolobheni elingabhekwa kakhulu laseNazaretha elihlwempu, weza waba nesibindi sokubatshela ukuthi badukile.

Okokuqala, kwakumele bazi ukuthi ubuhlobo bomshado abuqhubeki ezulwini (uMathewu 22:30). Khona-ke uJesu wathatha abaSadusi, ababeqakathekisa

umthetho kaMose ngaphezu kwalo lonke iTestamente
Elidala, wababuyisela endabeni kaMose esihlahleni
esivuthayo (uEksodusi 3:6), lapho uNkulunkulu ezibiza
khona ngokuthi unguNkulunkulu ka-Abrahama,
u-Isaka, noJakobe. UJesu wakusebenzisa lokhu
ukukhombisa ukuthi uNkulunkulu unguNkulunkulu
wabaphilayo, hhayi uNkulunkulu wabafileyo. Kodwa
kanjani? Ingabe u-Abrahama, u-Isaka, noJakobe babe
ngavesebengasekho kudala -ngesikhathi uNkulunkulu
ebonakala kuMose?

Yebo, imizimba yabo yangcwatshwa emgedeni
waseMakipela eHebroni. Pho-ke, uNkulunkulu
unguNkulunkulu wabaphilayo kanjani? Ingxabano
ibonakala isekelwe ekutheni uNkulunkulu wenza
izithembiso kubokhokho (u-Abrahama, u-Isaka,
noJakobe) mayelana noMesiya. Lezi zithembiso azizange
zigcwaliseke ekuphileni kwabo. Lapho uNkulunkulu
ekhuluma noMose esihlahleni esivuthayo, imizimba
yokhokho yayisethuneni, nokho uNkulunkulu
wakhuluma Ngaye ngokuthi unguNkulunkulu
wabaphilayo. Njengoba uNkulunkulu engakwazi
ukuqamba amanga, kumele agcwalise izethembiso
zakhe ku-Abrahama, ku-Isaka, nakuJakobe. Ngakho-ke,
ukuvuka kwabafileyo kuyisidingo esingeke sigwenywe
ngokwazi kwethu ngesimilo sikaNkulunkulu.

Esahlukweni seshumi nane sencwadi kaJohane,
uJesu waduduza abafundi bakhe ngokubatshela,
kanye nathi, ngokuphila emva kokufa: Ningazivumeli
ukuba niphazamiseke. Thembela kuNkulunkulu
futhi uthembele kimi. Endlini kaBaba kunezindawo
eziningi zokuhlala. Ukube bezingekho, bengizonitshela;

ngokuba ngiya khona ukuyonilungisela indawo. Njengoba ngiyonilungisela indawo, futhi nginithathe ukuze nibe kanye nami lapho engikhona (Johane 14:1-3). UJesu wabatshela ukuthi useyahamba futhi futhi babengasoze bambona. Wathi: "Nikholwa kuNkulunkulu, nokho animboni, ngakho kholwani Kimi ngendlela efanayo." Ikhaya likaBaba libhekisela ezulwini, lapho kunezindawo eziningi zokuhlala. Kunesikhala lapho sabo bonke abahlengiweyo. Ukuba kwakungenjalo, iNkosi yayizubatshela. Wayengeke abenze bakhele phezu kwamathemba amanga.

UJesu wathi, "ngiya khona ukuyonilungisela indawo." INkosi yabuyela ezulwini ukuze ilungise indawo. Asazi okuningi kakhulu ngale ndawo, kodwa siyazi ukuthi amalungiselelo enzelwe wonke umntwana kaNkulunkulu. kubalulekile ukuthi ichazwa njengendawo emangalisayo lapho okungekho khona ubuhlungu, usizi, ukuhlupheka, nokufa (IsAmbulo 21:4). Mayelana nale ndawo, singagcina sithi, "konke kuhle," futhi sisho ngobuqotho. "Njengoba ngiya nginilungisela indawo, ngizobuya ngizonithatha ukuze nibe nami; ukuze nibe kanye nami lapho engikhona." Lokhu kubhekisela esikhathini lapho iNkosi iyobuya futhi. Labo abashone bekholwa bayovuswa, abaphilayo bayoguqulwa, bonke abakholwa kuJesu bayothathwa beyiswa ezulwini. Lokhu kungukubuya koMesiya ngokuqondile nangobuntu. Njengoba eqinisekile ukuthi wahamba, uyobuya futhi. Awukwazi ukuxoxa ngokuphila, ukufa, nokuphila kwangemva kokufa ungakhulumi ngomfanekiso wesicebi noLazaru (uLuka

16:19-31). Lena indaba ebaluleke kakhulu lapho kuxoxwa ngokuphila emva kokufa.

Kule ndaba, sinokunye ukuqhathanisa okukhulu kakhulu, uma kungewona umehluko omkhulu, iBhayibheli elikunikezayo. Sinezimpilo ezimbili, ukufa okubili, nokuphila emva kokufa okubili. Ake sibheke:

UJesu wathi, "Kwakukhona umlisa othile ocebile owayegqoke izingubo ezibizayo ezinombala onsomi nendwangu enhle, futhi owayephila usuku ngalunye ngokunethezeka okukhulu. Emasangweni akhe kwakulala umlisa ompofu, uLazaru, owayembozwe yizilonda.Ngenkathi uLazaru elele lapho efisa kakhulu izinsalela zokudla ezivela etafuleni lendoda eyisicebi, izinja zazifika zikhothe izilonda zakhe ezivulekile.

"Ekugcineni, lowo mlisa ompofu washona, wathwalwa yizingelosi ukuba ayohlala eduze kuka-Abrahama edilini lasezulwini. Nendoda ecebile yashona, yabe isingcwatshwa, yaya endaweni yabafileyo. Lapho, ekuhluphekeni, yabona u-Abrahama ekude kakhulu uLazaru eseceleni kwakhe.

"Indoda ecebile yamemeza, 'Baba u-Abrahama, yiba nesihawu! Thumela uLazaru lapha ukuba amanzise umunwe wakhe emanzini, apholise ulimi lwami. Ngikhungethwe ubuhlungu kulawa malangabi.'

"Kepha u-Abrahama wathi kuye, 'Ndodana, khumbula ukuthi ngesikhathi usaphila wawunakho konke okwakufiswa yinhliziyo yakho, kanti uLazaru wayengenalutho. Manje usekhona la uyaduduzwa, kanti wena ukhungethwe ubuhlungu. Ngaphezu kwalokho, kukhona umhosha omkhulu osihlukanisayo. Akekho ongawela aze kuwe osuka lapha, futhi akekho ongawela aze kithi esuka lapho.'

"Khona-ke isicebi sathi: 'Ngiyakucela, Baba u-Abrahama, okungenani mthumele endlini kababa. Ngokuba nginabafowethu abahlanu, futhi ngifuna ukuba abaxwayise ukuze bangangeni kule ndawo yokuhlushwa.'

"Kepha u-Abrahama wathi, 'UMose nabaprofethi sebabaxwayisile. Abafowenu bangakufunda abakubhalile.' "Isicebi saphendula sathi: 'Cha, Baba Abrahama! Kodwa uma bethunyelwa umuntu ophuma kwabafileyo, bayophenduka ezonweni zabo, baphendukele kuNkulunkulu.'

"Kepha u-Abrahama wathi, 'Uma bengamlaleli uMose nabaprofethi, ngeke bakholiseke ngisho noma kuvuka othile kwabafileyo." (Luka 16:19-31 NLT)

Okokuqala sinendoda ecebile. Igqoka izingubo ezinhle kakhulu – izembatho ezinsomi ezenziwe ngodayi waseTire namahembe elineni abizayo enziwe ngokotini waseGibhithe. Ikhaya lakhe liyindawo enezingadi ezivundile, ezilungisiwe. Ngaphakathi kulesi sigodlo kukhona nefenisha yekhethelo, kanye nemisebenzi yobuciko eyigugu.

Phansi kwakhiwe ngamatshe emabuli ase-Italy, abonisa umfanekiso womuntu ngokukhazimula okukhulu okuthandwa yizivakashi zakhe. Itafula lakhe ligcwele izinhlobonhlobo zokudla okumnandi – inyama, izinyoni, nezinhlanzi ezibizayo, izithelo nemifino ekhethekile, namawayini amahle kakhulu avela ezivinini ezihamba phambili emhlabeni. Yile ndlela indoda ecebile ephila ngayo nsuku zonke.

Bese kuba khona uLazaru, isinxibi. Elahlwe

esangweni lesicebi njengesaka likadoti, mhlawumbe walethwa khona yilabo ababemfuna aphume endaweni yabo. Uyadabukisa, njengesaka lamathambo, elizacile ngenxa yendlala. Umzimba wakhe ugcwele izilonda, futhi uhlushwa yizinja ezingcolile ezifika zizokhotha amanxeba akhe.

Ubani ozoma futhi asize usizi olungaka? Ubani ozomphakela, amgeze, futhi amgqokise? Ubani oyomamukela futhi amnike indawo yokukhosela ebusuku? Ubani ozohlanza izilonda zakhe? Ubani ozobamba isandla sakhe alalele indaba yokuphila kwakhe? Ubani?

Indoda ecebile yayiziphilela yona, izithokozisa ngesifiso somzimba wayo. Akanalo uthando lwangempela ngoNkulunkulu futhi akanandaba nabanye abantu. ULazaru wayenethemba lokuthi mhlawumbe, kukhona isivakashi esivela emicimbini yomuntu ocebile esingamnika okuncane kwezinsalela zokudla. Kepha, okudabukisa kakhulu, kule ndlu ecebile, umusa wawungatholakali kalula. Akekho noyedwa kwabamenyiwe ofuna ukumbheka, ingasaphathwa eyokusondela kuye noma ukumthinta. ULazaru uyababuka behla benyuka bengamnaki.

Ngokuphazima kweso, lokho acabanga yizilimi zezinja ezikhotha izilonda zakhe kube yizandla zezingelosi. Isinxibi sashona, izingelosi zamuka naso, zamyisa ohlangothini luka-Abrahama. Abantu abaningi bayangabaza ukuthi izingelosi zibamba iqhaza ngempela ekuthwaleni imiphefumulo yamakholwa ezulwini, kodwa asikho isizathu sokungabaza amandla asobala ala mazwi. Izingelosi zifundisa amakholwa kulokhu ukuphila, futhi asikho isizathu sokuthi kungani zingakwenzi lokho ngesikhathi sokufa. "Uhlangothi luka-Abrahama" kuyisisho esingokomfanekiso esisho indawo yenjabulo enkulu. Kumuntu ongumJuda, umcabango wokujabulela ubudlelwane no-Abrahama ubuveza injabulo engenakuqhathaniswa. "Isifuba sika-Abrahama" kungelinye nje igama lezulu.

Ngakho-ke umzimba wesicebi awugcinanga nje ngokungcwatshwa ekufeni, kodwa umphefumulo waso, noma yena ngokwakhe, waya eHadesi, okuyindawo yokuhlala yabangasindisiwe. Njengoba indoda yesicebi yayisohlushweni, sidinga ukubeka amaphuzu ambalwa:

1. Kufanele kucace ukuthi indoda ecebile engashiwongo igama layo yayingalahlwanga eHadesi ngenxa yengcebo yayo. Ngokunganaki isinxibi esasilaliswe esangweni lakhe, le ndoda ecebile yabonisa ukuthi yayingenalo ukholo lwangempela olusindisayo. Ukube yayinothando lukaNkulunkulu kuyo, yayingeke iphile ngokunethezeka okukhulu, induduzo, nokuthula, ngenkathi omunye umuntu engaphandle komnyango wakhe ongaphambili ecela imvuthuluka yesinkwa. Kumelwe ukuba kwabakho ukwethuka okukhulu kubafundi ukuthi indoda ecebile yahamba yaya eHadesi, njengoba babefundiswa ukuthi ingcebo yayiyisibonakaliso sesibusiso nomusa kaNkulunkulu.

2. Kuyafana-ke ukuthi kwakungebona ubumpofu bukaLazaru obabangela ukuba asindiswe. ULazaru wasindiswa ngoba wayethembele

19

eNkosini ngokusindiswa komphefumulo wakhe.
Ubumpofu abuyona into enhle ngempela. Lokhu
kulandisa kufakazela ukuthi kukhona ukuphila
ngaphandle kwethuna. Eqinisweni, sihlabeke
umxhwele ngezinga lolwazi indoda ecebile
eyayinalo. Wabona u-Abrahama ekude uLazaru
eseceleni kwakhe. Waze wakwazi nokuxhumana
no-Abrahama. Embiza ngoBaba u-Abrahama,
wacela isihawu, incenga ukuthi uLazaru amlethele
iconsi lamanzi ukupholisa ulimi lwakhe.

Inzalamizi yakhumbuza isicebi ngesikhathi saso
sokuphila ngokunethezeka, ukukhululeka nokuzitika.
Waphinda wakhuluma ngobumpofu nokuhlupheka
kukaLazaru. Manje, ngale kwethuna, izimo zibuyiselwe
emuva. Ukungalingani komhlaba kwakuguquliwe.
ULazaru, owayelahlwe ebuhlungwini ngaphandle
kwamasango esigodlo sendoda ecebile, wabona
isicebi silahlelwa ngaphandle kwesango lezulu, silele
ebuhlungwini baso. Sifunda lapha ukuthi izinqumo
zale mpilo zinquma ikusasa lethu laphakade. Uma
sekufikile ukufa, leso siphetho siyalungiswa. Ayikho
indlela yokuwela usuka endaweni yabamukelweyo
uye kwabalahliweyo, noma okuphambene nalokho.
Phakathikwazo zonke lezi zindaba ezinzima,
masingaphuthelwa umlayezo wale ndaba: Kungcono
ukuncenga isinkwa emhlabeni kunocela amanzi eHadesi.

UKUFA

Ukufa kuyingxenye yokuphila engaqondwa kakhulu. Yisikhathi lapho sivuka khona, sicikica amehlo, futhi sibone izinto ngendlela uNkulunkulu ebezibona ngayo kusukela ekuqaleni. Ukufa kungacatshangwa njengokuhlukaniswa. Ukufa komzimba kungukuhlukaniswa komzimba nomphefumulo, kanti ukufa ngokomoya kungukuhlukaniswa komphefumulo noNkulunkulu. UJesu wafundisa ukuthi akufanele sesabe ukufa komzimba, kodwa kufanele sikhathazeke kakhulu ngokufa ngokomoya (uMathewu 10:28). Kulabo abangakholwa abashonile,iHadesi liyisimo sokungabi namzimba sokujeziswa, isimo sokuhlupheka. Iyindawo yokugcina yesikhashana lapho belinde khona ukwahlulelwa kokugcina kukaNkulunkulu. Isihogo siyijele lokugcina labafileyo ababi. Isici esinqumayo kulokhu kwahlulela ukuthi umuntu ufele ezonweni zakhe noma ukuthi ufele eNkosini.

U-G. B. Hardy, isazi sezibalo esidumile emhlabeni nososayensi okhaliphile owagxila ngokukhethekile ezofundweni zezakhi zofuzo zabantu, wake wathi, "Nginemibuzo emibili kuphela okufanele ngiyibuze. Owokuqala, ingabe ukhona yini owake wahlula ukufa? Owesibili, ingabe wenza indlela yokuba nami ngikwenze lokho?"[3] Impendulo yayo yomibili imibuzo kaHardy ingu-yebo omkhulu. Umuntu oyedwa usekuhlulile ukufa futhi walungiselela nendlela yawo wonke umuntu obeka ithemba lakhe kuyena ukuba anqobe ukufa naye. Akekho othemba uJesu Kristu odinga ukwesaba ukufa. Izwi likaNkulunkulu liyasifundisa ukuthi ngokukholwa kuJesu, siyokunqoba ukufa nethuna. Ngamanye amazwi, okholwayo kuJesu Kristu angasho ngokuzethemba okuthobekile, "Yeyi kufa – ubani okwesabayo manje?" Kodwa ingabe singalethemba ngempela izwi likaNkulunkulu?

---

3   G. B. Hardy, Countdown: A Time to Choose (Chicago: Moody Press, 1972).

NGINGALETHEMBA IBHAYIBHELI?

"Abantu abaningi bayenqaba ukukholwa ngaphandle kobufakazi obuthile, njengoba kufanele. Njengoba uNkulunkulu asidala njengabantu abanengqondo akalindele ukuba siphile ngokungenangqondo. Ufuna sibheke ngaphambi kokuba sigxume," kusho uNorman Leo Geisler, isazi sezenkolo yobuKristu kanye nomvikeli wenkolo yobuKristu. "Lokhu akusho ukuthi akukho ndawo yenkolo. Kodwa uNkulunkulu ufuna sithathe isinyathelo sokukholwa ngokukhanya kobufakazi, kunokuba sigxume ebumnyameni."[4]

Uma sifunda incwadi, isihloko somagazini, noma iphepha locwaningo, sibona kanjani ukuthi lokho esikufundayo kuyiqiniso futhi kuyathembeka? UChauncey Sanders,uchwepheshe wezempi nesazi-mlando, wabhala encwadini yakhe ethi Introduction to Research in English Literary History ukuthi

---

4   Norman Geisler, Christian Apologetics (Ada, Michigan: Baker Academic Publishing, 2013).

kunezivivinyo ezintathu zokuthembeka kombhalo: (1) Ubudlelwane Bangaphakathi – ukuthi umbhalo uthini ngawo uqobo, (2) Ubudlelwane Bangaphandle – ukuthi umbhalo uhambisana kanjani namaqiniso, izinsuku, nabantu, kanye (3) Nobufakazi Bezincwadi – umlando wombhalo kusukela embhalweni wokuqala kuya kumakhophi nemibhalo esinayo namuhla.[5]

Ngaphakathi, iBhayibheli labhalwa esikhathini esiyiminyaka engamakhulu ayishumi nesithupha, noma izizukulwane ezingamashumi amane. Labhalwa amadoda angaphezu kwamashumi amane avela emikhakheni eyahlukene yempilo. Ngokwesibonelo, uMose wafunda eGibhithe futhi waba umprofethi phakathi kwama-Israyeli, uJoshuwa wayengujenerali yezempi, uDaniyeli wayengundunankulu,u-Petros wayengumdobi nje, uSolomoni wayeyinkosi, uLuka wayengudokotela, u-Amosi wayengumalusi, uMathewu wayengumthelisi, kanti uPawulu wayengurabhi kanye nomakhi wamatende. Bonke ababhali babe nezifundo, imisebenzi, nemvelaphi ehluke kakhulu.

IBhayibheli lalotshwa ezindaweni eziningi ezahlukene; empeleni yalotshwa emazwenikazi amathathu ahlukene: e-Asia, e-Afrika, naseYurophu. UMose waloba ogwadule lwaseSinayi, uPawulu waloba ejele laseRoma, uDaniyeli waloba ngesikhathi sokudingiswa eBabiloni, kanti u-Ezra waloba edolobheni laseJerusalema elalichithakele. Lalotshwa ngaphansi kwezimo ezahlukene eziningi. UDavide wabhala ngesikhathi sempi, uJeremiya wabhala ngesikhathi sokudangala ngenxa yokuwa

---

5   Chauncey Sanders, Introduction to Research in English Literary
    History (New York: The Macmillan Company, 1952).

kuka-Israyeli, uPetru wabhala ngesikhathi u-Israyeli wayengaphansi kombuso wamaRoma, kanti uJoshuwa wabhala ngesikhathi ehlasela izwe laseKhanani.

Ababhali babe nezinhloso ezihlukene zokubhala. U-Isaya wabhala ukuze exwayise i-Israyeli ngokwahlulela kukaNkulunkulu ezonweni zabo, uMathewu wabhala ukuze afakazele abantu bamaJuda ukuthi uJesu unguMesiya, uZakariya wabhala ukuze aqinise i-Israyeli edangele eyayibuyele ekudingisweni eBabiloni, kanti uPawulu wabhala ukubhekana nezinkinga emabandleni ahlukene ase-Asia naseYurophu. Ngaphezu kwalokho, iBhayibheli labhalwa ngezilimi ezintathu ezahlukene: isiHebheru, isi-Aramu, nesiGreki.

Ukuhlanganisa zonke lezi zinto, sibona ukuthi iBhayibheli labhalwa eminyakeni engamakhulu ayishumi nesithupha ngamashumi amane ababhali abahlukahlukene, emazweni ahlukene nasezilimini ezahlukene, ngaphansi kwezimo ezihlukene, futhi likhuluma ngenqwaba yezindaba. Kuyamangalisa ukuthi nakuba kunokwehlukahluka okunjalo, kunobunye obunjalo eBhayibhelini. Lobo bunye buhlelwe ngendikimba eyodwa: Ukuhlenga kukaNkulunkulu umuntu nakho konke okudaliweyo.

Kukhulunywa ngezihloko eziningi eziphikisanayo, kodwa ababhali abakuphikisi nhlobo. IBhayibheli liyincwadi emangalisayo eyodwa. Ngiyakwazi ukucabanga ukuthi yini ongayithola uma uthatha ababhali abayishumi kuphela abavela endleleni eyodwa yokuphila, esizukulwaneni esisodwa, endaweni eyodwa, ngesikhathi esisodwa, ngomoya owodwa, ezwenikazi elilodwa, nangolimi olulodwa – bonke bebhala ngesihloko esisodwa nje esiphikisanayo. Ngokuqinisekile bekuzoba ukuhlangana kwemibono – okungahambisani nhlobo. Ngaphakathi, iBhayibheli alinakho ukwehlukana futhi linokuvumelana okuphelele.

Okulandelayo, ake sidlulele ebufakazini bangaphandle beBhayibheli - noma ukuthi iBhayibheli lizivumelanisa kanjani namaqiniso, izinsuku, kanye nabantu. Ngo-1964, Ithimba Locwaningo Lwezinto Zasendulo lase-Italy, elaliholwa nguPaolo Mathiae, laqala ukumba izinto zasendulo eTel Mardikh enyakatho yeSiyira. Ngo-1968, kwatholakala isithombe sika-Ibbit-Lim, inkosi yase-Ebla. Kusukela ngo-1974 kuya ku-1976, kwatholakala amathebulethi ayizinkulungwane ezimbili agcwele, aphakathi kosayizi ongu-intshi eyodwa kuya ngaphezu konyawo, kanye nezicucu ezinezingxenye eziyizinkulungwane ezine kanye nezinsalela ezingaphezu kwezinkulungwane eziyishumi, zonke ezazinikezwe izinsuku ezizungeze ngo-2300 BC. Egameni elisetshenziselwa e-Ebla kwakuyi-"Khanani," igama abagxeki abake bathi lalingasetshenziswanga ngaleso sikhathi futhi lalisetshenziswa ngokungeyikho ezahlukweni zokuqala zeBhayibheli. Akugcini lapho, kodwa amagama afana no-Adam, u-Eber, no-Yithro nawo atholakala, kanye namagama ezinkolo zase-Ebla, kuhlanganise noDagon, uBhaali, no-Ashtar.

Edida ababengabaza ngaphambili, kodwa eqinisekisa iBhayibheli, ukutholwa okubalulekile kwatholwa eGibhithe ngo-1896 umvubukuli waseBrithani uFlinders Petrie eThebes. Kwatholakala isibhebhe esaziwa ngokuthi Itshe Letshe laseMerneptah, itshe eliqondile elinombhalo osebenza njengetshe lesikhumbuzo, elikhuluma nge-Israyeli. Ngendlela, uMerneptah wayengufaro owabusa iGibhithe kusukela ngo-1212 kuya ku-1202 BC. Umongo wetshe ukhombisa ukuthi i-Israyeli yiyisigungu esibalulekile ngasekupheleni kwekhulu leshumi nantathu BC. Lokhu kubaluleke kakhulu njengoba kuyinkomba yokuqala ephuma ngaphandle kweBhayibheli yesizwe sakwa-Israyeli eyatholwa.

AmaHeti kwakucatshangwa ukuthi ayinganekwane yeBhayibheli, nakuba iTestamente Elidala liwaphatha izikhathi ezingaphezu kwamashumi amahlanu. Lokhu kwaba yiqiniso kwaze kwaba yilapho kutholwa inhloko-dolobha yawo namarekhodi enyakatho yeTurkey. Ukutholwa kokuqala kwesazi esingumFulentshi uCharles Texier kwathola amanxiwa okuqala amaHeti ngo-1834. Khona-ke abavubukuli abanjengoHugo Winckler babethola okunye emva kokunye. Ngo-1906, uWinckler wathola inqolobane yasebukhosini enezibhebhe eziyizinkulungwane eziyishumi ezibhalwe ngolimi lwama-Akkadian.

Izindonga zaseJeriko zatholwa ngo-1930 umvubukuli waseBrithani uJohn Garstang. Indaba yokuwa kwezindonga zaseJeriko ilotshwe kuJoshuwa 6:1-27. Abantu base-Israyeli babesanda kuwela uMfula iJordani bangena ezweni laseKhanani(Joshuwa 3:14-17). Leli kwakuyizwe lobisi noju uNkulunkulu ayelithembise u-Abrahama eminyakeni engaphezu kwamakhulu amahlanu ngaphambili (Duteronomi 6:3; 32:49). Ngemuva kokuchitha iminyaka engamashumi amane anzima behamba ehlane laseSinayi, abantu bakwa-Israyeli besogwini olusempumalanga yeJordani. Inselelo yabo kwakungukunqoba izwe laseKhanani, iZwe Lesithembiso. Nokho, isithiyo sabo sokuqala kwakuyidolobha laseJeriko (Joshuwa 6:1), idolobha elibiyelwe elingenakunqotshwa. Ukumbiwa lapho kwembula ukuthi izinqaba zalo zazinodonga lwamatshe olungamamitha ayishumi nanye ukuphakama namamitha ayishumi nane ububanzi. Phezulu kwalo kwakukhona uthango lwetshe olubushelelezi, olulenga phezulu ngamadigri angamashumi amathathu nanhlanu amamitha angamashumi amathathu nanhlanu, lapho lwaluhlanganisa khona izindonga zamatshe ezinkulu eziphakeme nakakhulu. Cishe wawungenakunqotshwa - kodwa izindonga zawa lapho uJoshuwa nebutho lakhe bezungeza izindonga izinsuku eziyisikhombisa ziqondile, futhi ngosuku lwesikhombisa bazungeza ugange, bashaya amacilongo abo, bakhamuluka. Ukumbiwa kwemivubukulo kufana nencazelo yezindonga kuJoshuwa 6. Ngo-1990, abacwaningi baseHarvard bavubukula umfanekiso wethole lobhedu obufakwe isiliva obufana nethole legolide elikhulu elishiwo encwadini kaEksodusi. Ngo-1993, abavubukuli bathola umbhalo oqoshiwe wangekhulu lesishiyagalolunye BC eTel Dan. Amazwi aqoshwe engxenyeni yebasalt abhekisela endlini kaDavide nenkosi yase-Israyeli. Kwake kwathiwa ayikho inkosi yase-Asiriya okuthiwa uSarigoni njengoba kulotshwe ku-Isaya 20:1 ngoba leli gama lalingaziwa kunoma yimuphi omunye umbhalo. Ngemva kwalokho kwatholakala isigodlo sikaSarigoni e-Iraq, futhi ukuthumba kwakhe i-Ashidodi, sona kanye isenzakalo okukhulunywa ngaso ku-Isaya isahluko 20, kwatholakala silotshwe ezindongeni zesigodlo. Izingcezu ezengeziwe zetshe lesikhumbuzo lokunqoba zatholwa e-Ashidodi.

Amanxiwa aseSodoma naseGomora atholakale eningizimu-mpumalanga yoLwandle Olufile.

Ubufakazi kule ndawo bubonakala buhambisana nokulandisa kweBhayibheli: "Khona-ke uJehova wanisa isibabule esivuthayo eSodoma naseGomora" (Genesise 19:24 NLT). Imfucumfucu yembubhiso yayicishe ibe ngamamitha amathathu ubukhulu, futhi izakhiwo zasha ngenxa yomlilo oqale phezu kophahla. UFrederick Clapp, isazi sokuma komhlaba saseMelika, unombono wokuthi ukucindezela okuvela ekuzamazameni komhlaba bekungakhafula itiyela eligcwele isibabule, elifana kakhulu netiyela futhi elaziwa ukuthi lisendaweni ngomugqa wephutha lapho idolobha lilele khona.[6]

UNelson Glueck, urabi odumile waseMelika, umvubukuli, nomongameli we-Hebrew Union College, wathola izindawo zasendulo eziyi-1,500. Ucashunwa ethi, "Akukho okutholwe ngemivubukulo okwake kwaphikisa ukubhekisela kweBhayibheli."[7] UDkt. William Albright, isazi semivubukulo, isazi seBhayibheli, nesazi sezilimi zakudala, wathi, "Akunakungabaza ukuthi imivubukulo iye yaqinisekisa ukuba khona komlando kweTestamente Elidala."[8]

Okokugcina, kunobufakazi bezincwadi zeBhayibheli. I-codex iqoqo lamakhasi emibhalo yesandla ahlanganiswe ndawonye ngokuthungwa. Iwuhlobo lwakuqala lwencwadi, ethatha isikhundla semiqulu nezibhebhe ze-wax zezikhathi zangaphambili. Umbhalo

---

6   Frederick G. Clapp, American Journal of Archaeology (Chicago: University of Chicago Press, 1936), 323-344.

7   Nelson Glueck, Rivers in the Desert (New York: Farrar, Straus, and Cudahy, 1959), 136.

8   William F. Albright, Archaeology and the Religions of Israel (Baltimore: John Hopkins University Press, 1956), 176.

weMasorete awuyona i-codex ethile, kodwa uyigama eliyisambulela salokho esikubheka njengombhalo onegunya wamaJuda/orabi weTestamente Elidala. Ngekhulu lesithupha, iqembu lezazi elibizwa ngokuthi amaMasorete laqala ngokucophelela ukugcina umbhalo webhayibheli owawuzoba umbhalo ofanele. Babegcina amaphuzu aqinile emaceleni futhi baqhathanise yonke imibhalo yesandla ekhona. Ngenxa yolwazi lwabo oluvelele, ngokushesha yaba umbhalo webhayibheli onegunya eliphelele. AmaMasorete ayehlanganisa yonke into kusukela embhalweni ngokwawo kuye ekuphimiseleni kahle kwezwi, ukuphimisela, namavesi aphelele anezinhlamvu ezinephutha. AmaMasorete ayecophelela kakhulu futhi eqeqeshelwe ukukopisha imibhalo. Babewabheka ngenhlonipho enkulu amazwi kaNkulunkulu. Ngokwesibonelo, uma bebekopisha incwadi ka-Isaya, yonke imibhalo ibingosonhlamvukazi ngaphandle kwezimpawu zokuloba noma izigaba. Lapho beqeda ukukopisha, babebala izinhlamvu futhi bathole uhlamvu oluphakathi lwencwadi. Uma ingahambisani ncamashi, babeyilahla futhi baqale ikhophi entsha. Wonke amakhophi amanje ombhalo wesiHebheru avumelana ngendlela emangalisayo.

Ekhulwini leshumi, njengoba inkathi yamaMasorete yayisondela ekupheleni, ahlanganisa lonke ucwaningo lwawo lwamakhulu eminyaka ukuze akhe umbhalo wesandla owodwa webhayibheli. Ngo-AD 920, umbhali igama lakhe linguShlomo Ben Buya wabhala umbhalo wesandla ngendlela eqotho yamasiko amaMasorete edolobheni laseTiberias, e-Israyeli. Lo mbhalo wesandla waziwa ngokuthi i-Aleppo Codex.

Ngo-1947, kwatholwa iMiqulu YasoLwandle Olufile endaweni yaseQumran e-Israyeli. Leyo miqulu yasuka ekhulwini lesihlanu BC kuya ekhulwini lokuqala AD. Izazi-mlando zikholelwa ukuthi ababhali abangamaJuda bayigcina le ndawo ukuze balondoloze izwi likaNkulunkulu futhi bavikele imibhalo ngesikhathi sokubhujiswa kweJerusalema ngo-AD 70. IMiqulu YasoLwandle Olufile ihlanganisa cishe zonke izincwadi zeTestamente Elidala, futhi uma iqhathaniswa nemibhalo yesandla yakamuva nje ibonisa ukuthi ifana cishe ngokuphelele. Ukuphambuka okuyinhloko ukupelwa kwamagama abantu abathile nokunye ukuhluka okungenandaba. Ngokwesibonelo, iMiqulu YasoLwandle Olufile ihlanganisa incwadi ka-Isaya ephelele. Lapho izazi zamaRabi ziqhathanisa u-Isaya 53 Wemiqulu YasoLwandle Olufile no-Isaya 53 wombhalo wamaMasorete, zathola izinhlamvu eziyishumi nesikhombisa kuphela ezazihlukile emazwini ayi-166 akulesi sahluko. Eziyishumi zalezo zinhlamvu ziwumehluko omncane wesipelingi (isb., "honour" nelithi "honor"), ezine ziwumehluko wesitayela, kanti ezinye izinhlamvu ezintathu zimelela isipelingi esihlukile segama elithi "ukukhanya." Ngamanye amazwi, umehluko wawungabalulekile. Ngakho-ke, siphetha ngokuthi akukho kungqubuzana okukhulu embhalweni esiwufunda namuhla, okuyinto emangalisayo!

UR. Laird Harris, umholi wesonto, isazi seTestamente Elidala, kanye nomsunguli weCovenant Theological Seminary, wabhala incwadi enesihloko esithi Can I Trust My Bible? Wabhala: "Manje singaqiniseka ukuthi abakopishi babesebenza ngokucophelela

okukhulu nangokunemba eTestamenteni Elidala,
ngisho nangemuva kuka-225 BC. . . . Impela kungaba
wukungabaza okungafanele ukuphika manje ukuthi
sinawo uTestamente omdala ngendlela esondele
kakhulu kulowo owawusetshenziswa uEzra ngesikhathi
efundisa izwi leNkosi kulabo ababuyile ekuthunjweni
kwaseBhabhiloni."[9]

Ukwakhiwa kweTestamente Elisha kwagunyazwa
ngokusemthethweni eMkhandlwini waseCarthage
ngo-AD 397. Nokho, iningi leTestamente Elisha
lamukelwa njengelinegunya kudala ngaphambi
kwalokho. Ukuqoqwa kokuqala kweTestamente
Elisha kwaphakanyiswa umuntu ogama lakhe
kwakunguMarcion ngo-AD 140. UMarcion
wayengumDocetist. I-Docetism kwakuwuhlelo
lwenkolelo olwaluthi yonke imimoya imihle futhi
zonke izinto ezibonakalayo zimbi. Ngakho-ke, uMarcion
akazange afake noma iyiphi incwadi eyayikhuluma
ngoJesu engowaphezulu futhi engumuntu. Wabuye
wahlela izincwadi zikaPawulu ukuze zihambisane
nefilosofi yakhe.

Ukuqoqwa okulandelayo kwezincwadi zeTestamente
Elisha ezirekhodiwe kwaba i-Muratorian Canon,
eyabhalwa cishe ngo-AD 170. Yayihlanganisa wonke
amavangeli amane, izincwadi eziyishumi nantathu
zikaPawulu, u-1, 2, no-3 Johane, uJuda, kanye neSambulo,
futhi yagunyazwa uMkhandlu waseCarthage ngo-AD
397. Umbhalo wesandla wangempela watholwa
eMtatsheni Wezincwadi i-Ambrosian eMilan, e-Italy,

---

9   R. Laird Harris, Can I Trust My Bible? (Chicago: Moody Press, 1963), 67-89.

ngu-Antonio Ludovico Muratori, isazi-mlando sase-Italy, futhi washicilelwa nguye ngo-1740.

Nokho, umlando ubonisa ukuthi iTestamente Elisha langempela esinalo emaBhayibhelini esimanje laqashelwa kudala kakhulu, futhi liwukubonakaliswa okuphelele kwalokho okuqukethwe emibhalweni yesandla. Ngokwesibonelo, cishe ngo-AD 95, uKlemente waseRoma wacaphuna ezincwadi eziyishumi nanye zeTestamente Elisha. Cishe ngo-AD 107, u-Ignatius wacaphuna cishe kuzo zonke izincwadi zeTestamente Elisha. Cishe ngo-AD 110, uPolycarp, umfundi kaJohane, wacaphuna ezincwadi eziyishumi nesikhombisa zeTestamente Elisha. Uma kusetshenziswa izingcaphuno zala madoda, lonke iTestamente Elisha lingakhiwa kabusha, ngaphandle kwamavesi angamashumi amabili nanhlanu kuphela, iningi lawo livela kuJohane 3.

Lobu bufakazi bufakazela ukuthi iTestamente Elisha lamukelwa kudala kakhulu kunoMkhandlu waseCarthage nokuthi iTestamente Elisha esinalo namuhla liyafana nalokho okwabhalwa eminyakeni eyizinkulungwane ezimbili edlule. Ayikho enye imbangi yemibhalo emhlabeni wakudala enanini lamakhophi emibhalo yesandla kanye nosuku lokuqala oluseduze kweTestamente Elisha. Sinezincwadi zesiGrikhi zeTestamente Elisha ezingaphezu kuka-5,300 kanye nezincwadi zesiLatini eziyizinkulungwane eziyishumi. Ngaphezu kwalokho, kukhona ezinye eziyizinkulungwane eziyisishiyagalolunye ezibhalwe ngolimi lwesiSiriya, lwesiKhopthi, lwesi-Armenia, lwesiGothic, nolwesi-Ethiopia—ezinye zazo zibuyela emuva cishe ngesikhathi sokuhumusha kokuqala kukaJerome ngo-AD 384. Siphinde sibe nezinkulungwane eziyishumi nantathu eziseleyo zezingxenye zeTestamente Elisha ezisaphile kuze kube namuhla, futhi okwengeziwe kuyaqhubeka kutholakala.

I-Codex Vaticanus iyincwadi endala kunazo zonke esekhona yeBhayibheli lesiGreki. Le Codex yaqanjwa ngegama lendawo egcinwe kuyo, iLayibrari yaseVatican. Ibhalwe emakhasini angu-759 esikhumba esilungisiwe sezilwane, izinhlamvu uncial (uhlobo lokubhala olubizwa nge-Scriptio Continua), futhi yabekwa usuku ngosazi be-paleography ekhulwini lesine, phakathi kuka-AD 300–325. Siphinde sibe neCodex Sinaiticus, umbhalo wesandla wohlobo lwase-Alexandria owabhalwa ekhulwini lesine, phakathi kuka-AD 330–360. Igcinwe eLondon, eBritish Library.

Kudala ngaphambili, sineziqephu namakhophi epapyrus ezingxenye zeTestamente Elisha ezibuyela emuva phakathi kuka-AD 180–225.Izibonelo ezibalulekile yiChester Beatty Papyrus neBodmer Papyrus II, XIV, XV. Ngale mibhalo kuphela, kungenziwa kabusha zonke izincwadi zikaLuka, Johane, KwabaseRoma, 1 no-2 KwabaseKorinte, KwabaseGalathiya, Kwabase-Efesu, KwabaseFilipi, KwabaseKolose, 1 no-2 kwabaseThesalonika, kwabaseHebheru, kanye nezingxenye zikaMathewu, uMarku, IzEnzo kanye nencwadi yeSambulo.

I-Rylands Papyrus (P52), iyisiqephu esidala kunazo zonke seTestamente Elisha esinazo kuze kube namuhla. Yatholakala eGibhithe futhi yabekwa usuku kusukela cishe ngo-AD 130. Lokhu kutholakala kwaphoqa abagxeki ukuthi babuyisele iVangeli lesine ekhulwini lokuqala, bephika ukugomela kwabo kwangaphambili ukuthi lalingenakubhalwa uMphostoli uJohane. I-Rylands Papyrus iboniswa eJohn Rylands University Library eManchester, eNgilandi. Yayiqukethe le misho evela kuJohane 18: UPilatu wathi kubo: "Mthatheni nina, nimahlulele ngokomthetho wenu." AmaJuda aphendula athi, "Thina asinawo amandla okubulala umuntu." Lokhu kwenzelwa ukuba kugcwaliseke okwashiwo uJesu ngokuthi wayezokufa kanjani. Ngakho uPilatu wabuyela endlunkulu, wabiza uJesu, wathi kuye: "Wena uyinkosi yabaJuda na?" UJesu waphendula wathi: "Uzibuzela lokhu ngokwakho, noma abanye abantu bakutshele ngami?" UPilatu waphendula wathi: "Mina ngingumJuda yini? Isizwe sakini nabapristi abakhulu bakunikele kimi; wenzeni?" UJesu waphendula wathi: "Ubukhosi bami abusuki kulelizwe; ukube bekunjalo, abantu bami bebeyakulwa ukuba ngingaboshwa ngamaJuda; kepha ubukhosi bami abusuki lapha." Ngakho uPilatu wathi kuye, "Wena uyinkosi na?" UJesu waphendula wathi: "Wena uthi ngiyinkosi, mina isizathu sokuba ngizelwe, isizathu sokuthi ngize la emhlabeni ukuba ngifakazele iqiniso; bonke abeqiniso bayangizwa mina." UPilatu wambuza wathi: "Liyini iqiniso?"

Lawa mavesi angamanye abaluleke kakhulu aphathelene neqiniso ngoNkulunkulu, uMesiya, umuntu, isono, nokusindiswa.

I-Histories by Herodotus iwumsebenzi oyisisekelo somlando emazweni asentshonalanga.

Kwasiza ukusungula ulwazi kanye nokubeka isitayela somlando wasentshonalanga. Njengoba kubonakala emaqinisweni eshadini elingezansi, kunobuqotho kanye nobufakazi obukhulu ngemvelaphi yokulotshwa kweVangeli likaJohane kunokubhalwa kukaHerodotus.

Umbhali Nomsebenzi	Ivangeli LikaJohana	UMlando kaHerodotus
Isikhathi Sokuphila Sombhali	10-100	Ngo- 485-425 BC
Usuku Lwezehlakalo	27-30	546-478 BC
Usuku Lokubhala	90-100	425-420 BC
Umbhalo Wesandla Wakuqala	130	900
Isehlakalo Esiqedwa Ekubhaleni	<70 iminyaka.	Iminyaka engu- 50-125
Umcimbi Wenqamula Umbhalo Wesandla	<100 iminyaka.	Iminyaka engu- 1400-1450

USir Frederic G. Kenyon, isazi semibhalo yesandla sasendulo (i-paleography), wabhala incwadi enesihloko esithi The Bible and Archaeology, lapho athi khona: "Inkathi phakathi kwezinsuku zokulotshwa kokuqala nobufakazi bakudala obukhona manje isincane kangangokuthi eqinisweni ayinakubalwa njengebalulekile, futhi isisekelo sokugcina sanoma yikuphi ukungabaza kokuthi imiBhalo iye yehlela kithi njengoba yayilotshwe njengezinye izincwadi manje iye yasuswa. Ubuqotho bezincwadi zeTestamente Elisha bungase bubhekwe njengobuqinisekisiwe ekugcineni."[10]

---

10   Sir Frederic G. Kenyon, The Bible and Archaeology (London: George G. Harrap & Co, 1940), 288-289.

UBrooke Foss Wescott, umbhishobhi waseBrithani kanye nesazi sebhayibheli, kanye noFenton John Anthony Hort, isazi sezenkolo, bathatha iminyaka engamashumi amabili nesishayagalombili ukwenza iTestamente Elisha labo ngesiGreki sokuqala. Bathi: "Uma izinto ezingasho lutho eziqhathaniswayo, ezinjengokushintsha kokuhleleka, ukufakwa noma ukukhishwa kwesihloko esinamagama afanele, nokunye okunjalo, zibekelwa eceleni, ngokombono wethu amagama asengatshazwa awanakungaba ngaphezu kwengxenye eyinkulungwane yeTestamente Elisha."[11]

Ngamanye amazwi, izinguquko ezincane kanye nokwehluka kwemibhalo yesandla akushintshi noma iyiphi imfundiso enkulu; azibuthinti ubuKristu nakancane. Umlayezo uyafana noma ngaphandle kokuhluka. Sinalo izwi likaNkulunkulu!

Umkhathi waba nesiqalo. Ngokuphambene, izinganekwane eziningi zasendulo zichaza indawo yonke njengehlelwe kusukela ezinxushunxushwini ezikhona kunokuba yadalwa. Ngokwesibonelo, abaseBhabhiloni babekholelwa ukuthi onkulunkulu abazala indawo yonke bavela ezilwandlekazi ezimbili. Ezinye izinganekwane zithi indawo yonke yavela eqandeni elikhulu.

I-Da Vinci Code iyinoveli yombhali uDan Brown ehlola omunye umlando wenkolo. Ithengise amakhophi ayizigidi ezingamashumi ayisishiyagalombili. Le noveli inezisho zokuthi: "IBhayibheli alizange lize nge-fax livela ezulwini. . . . Ibhayibheli liyumkhiqizo womuntu, s'thandwa. Hhayi likaNkulunkulu."

---

11   Brooke Foss Wescott and Fenton John Anthony Hort, The New Testament in the Original Greek (New York: Harper & Brothers, 1881) 561.

Ibhayibheli alizange liwe ngomlingo emafwini. Umuntu wakudala njengiomlandob wezomlando wezikhathi ezimnandi, futhi uveke ngezinguqulo ezingenakubalwa, okungeziwe, kanye nokubuyekezwa. Umlando awukaze ube nenguqulo eqondile yencwadi.[12] Ngokubonga, Lesi sisho sivela encwadini eqanjiwe, lapho kufanele sibe khona.

Ososayensi abangakholwa bavame ukubukela phansi labo abakholelwa kuNkulunkulu, izimangaliso, indalo, njll., futhi basebenzisa amaqiniso esayensi ukuphikisa ukukholwa kwethu ekubeni ngokoqobo kukaNkulunkulu. Nokho, akubona bonke ososayensi abawenqabayo umqondo kaNkulunkulu. Bekulokhu kukhona labo emphakathini wesayensi ukholo lwabo olwahlala luyisisekelo sezimpilo zabo, njengoba beqhubeka nocwaningo lwesayensi nokuvundulula. Nazi izibonelo ezimbalwa:

UFrancis Bacon (1561–1626). U-Bacon ubhekwa njengendoda ehlotshaniswa kakhulu ne "ndlela yesayensi". Le ndlela igcizelela ukuqaphela nokuqinisekisa esikhundleni sokuqagela kwefilosofi. UBacon wayekholelwa ukuthi uNkulunkulu usinike izincwadi ezimbili okufanele sizifunde: iBhayibheli nemvelo.

UJohann Kepler (1571–1630). UKepler ubhekwa njengomsunguli wesayensi yezinkanyezi. Wathola ımıthetho yokunyakaza kwamaplanethi. Eminye yeminikelo yakhe ihlanganisa ukubonisa i-heliocentricity (ukuba nelanga eliphakathi nendawo) nokuba

---

12   Dan Brown, The Da Vinci Code (New York: Doubleday, 2003), 231.

negalelo ekuthuthukisweni kwe-calculus. UKepler wayengumKristu owafunda kwisikole sobufundisi, kepha elandela ukuhola bukaNkululnkulu waphetha efundisa isayensi yezinkanyezi. Wasungula umqondo wokuthi ucwaningo nokutholwa "kwakuwukucabanga imicabango kaNkulunkulu ngemva Kwakhe," isiqubulo esamukelwa ososayensi abaningi abangamaKristu kamuva.

UBlaise Pascal (1623–1662). Esinye sezazi zefilosofi ezinkulu, uPascal uthathwa njengoyise wesayensi ye-hydrostatics (isifundo sokucindezelwa kwezinto luketshezi). UPascal wayehlobene kakhulu nokuthuthukiswa kwe-calculus nethiyori yamathuba, kanye nokusungulwa kwe-barometer. Wayengumuntu ogxile kakhulu enkolweni futhi wacabanga wabhala okuningi ngokholo lwakhe. Angase aziwe kakhulu nge "Pascal's Wager," ngokuyisisekelo ebuza ukuthi kungani noma ubani ezifaka engozini yokuphila njengokungathi uNkulunkulu akekho.

U-Isaac Newton (1642–1727). Ubani ongakaze ezwe ngoSir Isaac Newton? Unconywa ngokuthola umthetho wamandla adonsela phansi endaweni yonke kanye nemithetho emithathu yokunyakaza, kanye nokucwenga i-calculus. UNewton wayengumKristu kusukela ebusheni bakhe, futhi eminyakeni yakamuva wabhala kabanzi ngokumelene nokungakholelwa kuNkulunkulu futhi evikela ukholo lobuKristu. UNewton wayekholelwa ukuthi iBhayibheli liziqinisekisa kangcono kunanoma yimuphi omunye umbhalo ongokomlando owake walotshwa.

USamuel F. B. Morse (1791–1872). UMorse ukhunjulwa ngokucacile ngokusungula i-telegraph, nakuba waphinde wasungula ikhamera yokuqala eMelika futhi wenza isithombe sokuqala esithwebulwe ngekhamera. UMorse wayeyindoda ezinikele ngokujulile kuNkulunkulu. Umlayezo wokuqala awuthumela nge-telegraph yakhe ngo-1844 wawuthi "Yini eseyenzile uNkulunkulu!" (icaphuna kuNumeri 23:23). Impilo yakhe wayeyinikele ekuthandeni nasekusebenzeleni uNkulunkulu. UMorse wabhala la mazwi ngaphambi nje kokuba afe: "Njengoba ngisondela ngasekugcineni kohambo lwami lokungcwele, bucaca ngokwengeziwe ubufakazi bemvelaphi yaphezulu yeBhayibheli, ubuhle nobukhulu bekhambi likaNkulunkulu kumuntu owile kwaziswa kakhulu, futhi ikusasa likhanya ngethemba nenjabulo."[13]

ULouis Pasteur (1822–1895). UPasteur wayengumdondoshiya emkhakheni wezokwelapha, waba nesandla ekuthuthukiseni inkolelo-mbono yegciwane lesifo, phakathi kweminye iminikelo ebalulekile emikhakheni yamakhemikhali kanye ne-physics. Futhi ucwaningo lwakhe lwasiza ekwakheni imithi yokugomela izifo eziningi. UPasteur wasiza ekubhidlizeni inkolelo-mbono yokuziphendukela kwemvelo yesizukulwane esizenzakalelayo sokuphila. UPasteur waphinda wabhaqa, njengoko abanye kubehlela manje, ukuthi lapho umuntu

---

13   Ray Comfort, Scientific Facts in the Bible (Newberry, Florida: Bridge-Logos Publishers, 2001), 50.

emela inkolelo esekudalweni kwebhayibheli, ososayensi bezwe sayensi yemvelo bayaqhubeka nokuhlasela.

UWilliam Thompson, uLord Kelvin (1824–1907). UKelvin wasungula isikali samazinga okushisa aphelele. Lawo mazinga anikezwa namhlanje njenge "degrees Kelvin" futhi wasungula i-thermodynamics njengokhakha wesayensi osemthethweni futhi wakha imithetho yayo yokuqala neyesibili ngamagama anembile. UKelvin wayekholelwa ukuthi isayensi iqinisekisa ukuthi indalo ingokoqobo. WayengumKristu ozinikele futhi othobekile, Ngisho nalapho engene ngamandla kwimpikiswano ngobudala bomhlaba, ephika imfundiso kaDarwin futhi esekela indalo.

U-Wernher von Braun (1912–1977). UVon Braun waba nesandla ekuthuthukisweni kwerokhethi i-V-2 phambi kokufudukela aMelika. Waqondisa ukuthuthukiswa kwemicibisholo eqondiswa yi U.S. iminyaka eminingana phambi kokuba ngumqondisi weNASA. Mayelana nokundiza emkhathini, wake wabhala, "Umbono ngale mbobo yezimfihlakalo ezinkulu zendawo yonke kufanele kuphela uqinisekise ukukholelwa kwethu ekuqinisekeni koMdali wawo."[14]

UFrancis Collins (1950–manje). Umqondisi we-Human Genome Project, uqinisekisile esidlangalaleni ukukholelwa kwakhe kuNkulunkulu. UCollins uzwakalise isimangaliso ngokomoya socwaningo

---

14 Wernher von Braun, "My Faith," American Weekly, February 10, 1963.

lwesayensi kulawa magama: "Lapho kwembulwa okuthile okusha mayelana ne-genome yomuntu, ngiba nomuzwa wokumangaliseka lapho ngiqaphela ukuthi isintu manje sesazi okuthile uNkulunkulu kuphela ayekwazi ngaphambili."[15]

Ngabelane nawe ngobufakazi obuyisisekelo bangaphakathi, bangaphandle, kanye nobezincwadi ukuze ngifakazele ukuthi singalethemba ngokuphelele iBhayibheli lethu ngobuqiniso balo. Imibhalo yesandla yesiHeberu neyesiGreki, nakuba ingamakhophi, iye yalondolozwa ngendlela efanele, futhi izinguqulo ezitholakalayo azinalubandlululo olungokwemfundiso yenkolo. Ngakho-ke, singaqiniseka ukuthi iBhayibheli esilifunda namuhla linemiBhalo njengoba yalotshwa ekuqaleni.futhi zingafundwa ngaphandle kokwesaba ukuthi zingcoliswe ukusekela ibandla noma imfundiso ethile. IBhayibheli liphefumulelwe uNkulunkulu futhi linezincwadi ezisebenza njengegunya lethu.

Ibhayibheli liyamemezela ukuthi abantu bafela ezonweni zabo (NgokukaJohane 8:24) noma bafela eNkosini (Isambulo 14:13). Indlela umuntu afa ngayo noma isikhathi sokufa kwakhe akuyona into ebaluleke kakhulu. Okubaluleke kakhulu yilokhu: Nizofela ezonweni zenu noma nifele eNkosini na?

---

15   Mark O'Keefe, "Some on Shuttle Crew Saw God's Face in Universe," Washington Post, February 8, 2003.

KUSHO UKUTHINI UKUFELA EZONWENI ZAKHO?

Ngiyisibani somhlaba; noma ubani ongilandelayo angeke ahambe ebumnyameni kodwa uzoba nesibani esinika ukuphila (Johane 8:12). UJesu wathi: "Ngiyisibani somhlaba." Uno-Nkulunkulu ongambonga ngakho konke okuhle empilweni yakho nakulo mhlaba. Ngaphandle kwakhe, akukho ukukhanya, uthando, ithemba, ukuthula noma injabulo. Msuse, konke kuba ubumnyama. UJesu wathi: "Noma ubani ongilandelayo angeke ahambe ebumnyameni.Ake sithi sonke sisemhubheni omnyama. UJesu unokukhanya, futhi uza kithi, ehamba emhubheni. Uma sihamba naye, sihamba ekukhanyeni Kwakhe. Kodwa uma senqaba ukumlandela futhi sihambe ngenye indlela, ukukhanya Kwakhe kuzoqhubekela kude nathi, futhi ekugcineni siyosala ebumnyameni.

Lokhu kuyiqiniso kulo mhlaba, futhi kunjalo nasemhlabeni ozayo. Ngaphandle kwalomhlaba kukhona indawo lapho uJesu ekhona. Njengoba ekhona, leyo yindawo yokukhanya, uthando, ukuthula nenjabulo. Kepha ngale kwalomhlaba, kukhona futhi indawo lapho uJesu engekho khona. Njengoba engekho, leyo yindawo yobumnyama, inzondo, ukuphazamiseka nosizi.

Lapho uJesu ethi: "Ngiyisibani somhlaba; noma ubani ongilandelayo angeke ahambe ebumnyameni kepha uzoba nesibani esinika ukuphila" kwacaca ukuthi abalaleli bakhe babengavumelani naye.

Bazama ukuvala izimbobo kulokho okwakumenza afaneleke ukukhuluma: "Ubufakazi bakho buphathelene nawe kuphela" basho; njengoko abantu bengasho namuhla, "Lokho yindlela yakho nje yokucabanga!" Ingxoxo ibhaliwe kuJohane 8:13-20, futhi izwakala njengoba izwakala isikhathi esiningi namuhla.

Iqiniso lohlala lihleli: awukwazi ukuzimema ezulwini. UJesu wathi: "Ngiyahamba, futhi nizongifuna, kodwa niyokufa ezonweni zenu- lapho ngiya khona, anikwazi ukuza khona" (Johane 8:21).

Abaholi benkolo babecabanga ukuthi baya ezulwini, ngakho bathi: "Sizoya ezulwini. Uma singakwazi ukuya lapho aya khona, Inoba uye kwenye indawo; mhlawumbe uyozibulala." UJesu wathi: "Nina ningabaphansi, mina ngivela phezulu; nina ningabomhlaba, mina angisiye owaleli zwe (NgokukaJohane 8:23). Uthi, "Umhlaba uyikhaya lenu. Anibona abaphezulu phaya, izulu yikhaya lami. Angiyena owalapha emhlabeni. Kukhona umehluko emhlabeni phakathi kwethu noJesu. Izulu akulona elethu.

Ake sithi othile ungqongqoza emnyango wendlu yakho, bese uvula umnyango uthole umuntu ongamazi lapho. Awukaze umbone ngaphambili. Ngaphambi kokuthi ukhulume, aphushe isicabha, akudlulise, akhuphuke aqonde ezitebhisini, aqale akhiphe izimpahla zakhe kwelinye lamagumbi okulala.

Uyambuza, "Ucabanga ukuthi wenzani?" Uthi, "Le yindlu enhle, futhi nginqume ukuhlala lapha."

Ume lapho umangele ngokuphelele, futhi uthi, "Uxolo, kodwa lena yindlu yami. Uma ungahambi njengamanje, ngizobiza amaphoyisa."

Uma ungimemela endlini yakho, ngingahlala lapho njengesivakashi sakho, kodwa anginalo ilungelo lokuhlala endlini yakho uma ungangimemi. Indaba yesimemo sakho ngokuphelele. Uma ngihlala lapho, kuyoba ngokuthanda kwakho. Izulu liyikhaya likaJesu, futhi asinalungelo lalo. Sivela ngezansi. Asingeni lapho.

UJesu wathi: "Lokhu ngakho ngathi kini: niyokufa ezonweni zenu; ngoba uma ningakholwa ukuthi nginguye [engithi nginguye], niyokufa ezonweni zenu" (Johane 8:24). Ukufa ezonweni kusho ukungena ekufeni nezono zakho. Cabanga umuntu edlula ekuphileni ukuya ekufeni, eqhubeka ngaphandle kokwazi okwenzekayo kuye. Akanakho ukukhetha, akakwazi ukubuyela emuva. Uyofa ezonweni zakhe. Unomuzwa omubi wokuthi unecala. Ngokushesha, impilo yakhe yonke ithi nyampu phambi kwakhe ayibone injalo – futhi konke akulungile. Impilo yakhe yonke ubecindezela unembeza wakhe, enza ngokuphambene nawo, ewugcina phansi. Manje uziveze, futhi uzizwa egula njengoba ezwa esahlulelwe. Okubi nakakhulu ukuthi usahlulelwe phambi kukaNkulunkulu futhi usesiqalekisweni sikaNkulunkulu ngenxa yesono. Manje

uyabona konke lokhu. Ubengakubonanga ngaphambili,
kodwa sekucacile kuye manje.

Njengoba uDavid Martyn Lloyd-Jones wathi:

Imiyalo ayeyicindezela ayigcina phansi
manje iqala ukukhuluma kuye: "Ungabulali;
ungebi; ungafebi; ungathathi igama
likaJehova uNkulunkulu wakho ngelize;
uthande uJehova uNkulunkulu wakho futhi
uyena yedwa oyokumkhonza" – kodwa
akakakwenzi! Manje usendaweni yokufa,
futhi konke kubuya kuye. Uyafa ezonweni
zakhe, ezizungezwe yizo, ephila emoyeni
wazo. Leyo yindawo yakhe. Lapho ubona
umkhawulo wesikhathi esizayo, abone
izibani zesihogo, izijeziso nosizi. Usegcwele
umuzwa wokuzisola nokwenyanya izinto
azenzile. Uzonda yena uqobo, ezwa
ukuthi ubeluhlanya. Uhlale impilo yakhe
engacabangi ngalokhu – le nto ebaluleke
kakhulu! Usephuma manje ekuphileni
engene kwesingaziwa. Akanalwazi,
akakuqondi. Akukho okumsizayo ngalokho
abeyekuphilayo, futhi manje ubona
lezi zinto ezesabekayo phambi kwakhe.
Ngikholwa ukuthi kuleso sikhathi unikezwa
futhi isithombe sezulu nenkazimulo,
kodwa uyabona ukuthi akakulungele.
Kuyihlanzekile, kumhlophe, kuyakhanya,
kuhlanzekile, futhi uyazi ukuthi ngeke
ajabule lapho. Akakaze acabange ngalokhu.

Uhlale ephila ngokuphambene nalokhu.
Futhi nangu uNkulunkulu enkazimulweni
Yakhe, konke lobubungcwele, konke lokhu
khonza. Akanantshisekelo nakho. Akakaze
abe nentshisekelo. Kodwa uyabona ukuthi
kuyamangalisa futhi kuyakhazimula, kodwa
akakulungele. Akanakungena lapho.[16]

Akukho nto esabeka kabi njengokufa ezonweni zakho.
Kunezindawo ezintathu eZibhalweni ezingcwele
lapho igama elithi "ufa ezonweni zakho" noma
eliseduze litholakala khona: Hezekeli 3:20, Johane
8:21, noJohane 8:24.

Hezekeli 3:20 Uthi: "Uma umuntu olungileyo
ephendukela ekulungeni kwakhe, enze okubi,
ngizomfaka isikhubekiso phambi kwakhe – uyakufa;
ngoba awumxwayisanga, uyokufa esonweni sakhe;
imisebenzi yakhe yokulunga ayenzile ayiyikukhunjulwa;
futhi mina ngiyakubamba icala lokufa kwakhe."

UHezekeli wamiselwa nguNkulunkulu njengomlindi.
Wayenomthwalo wokukhuluma izwi likaNkulunkulu
nokuxwayisa abantu. Umprofethi waxwayiswa ukuthi
uma engavusi isexwayiso, engakhulumi nabantu
nokubaxwayisa ngolaka oluzayo, igazi labo liyoba
sezandleni zakhe (Hezekeli 33:7-9). Umsebenzi
womprofethi eTestamenteni Elidala wawusesabeka
kakhulu futhi wawunesibopho esikhulu. Kwakuyihovisi
okwakungena muntu ofuna ukulithatha. Kwakuyimpilo
yokuhlala wedwa. Umprofethi wayengumuntu owethula

---

16   David Martyn Lloyd-Jones, "Two Ways of Dying," https://www.
mljtrust.org/sermons/book-of-john/two-ways-of-dying/.

izindaba zembubhiso nesigayegaye njalo, futhi wayevame ukuphela ngokufa kabi – njengomprofethi u-Isaya, owagawulwa phakathi; noma umprofethi uZakhariya, owakhahlelwa ngamatshe wafa; noma umprofethi u-Amosi, owashaywa ngenduku wabulawa – futhi konke lokhu kwenziwa ngabantu bakubo uqobo! Kungani kunjalo? Impendulo ilula: abantu abaningi abathandi iqiniso. Yebo, bangathi bayalifuna iqiniso, kodwa abakwazi ukulimela. Izinhlelo zokulingisa impilo zibonakala zithandwa kakhulu namuhla, kodwa empilweni yangempela, iqiniso alivamisile ukwamukeleka.

> "Ngiyahamba, futhi niyongifuna, kodwa niyakufa ezonweni zenu – lapho ngiya khona, anikwazi ukuza khona. . . .
> Yingakho ngathi kini: Niyokufa ezonweni zenu; ngokuba uma ningakholwa ukuthi Nginguye[engithi nginguye], niyakufa ezonweni zenu" (Johane 8:21, 24).

Kulezindimana kubonakala ukuthi "ukufa ezonweni zenu" kusho ukuthi umuntu lapho efa ngokomzimba, ugcina zonke izono azenzile kanye nemiphumela nesijeziso ezimfanele ngenxa yaleso sono. Umphumela uba ukuthi umuntu uyohlushwa phakade. Ukufa komzimba kuhlukanisa umoya nomzimba; ukufa komoya kuhlukanisa umoya noNkulunkulu.

Isono ukuphula umthetho kaNkulunkulu (1 Johane 3:4), futhi isono sihlukanisa thina noNkulunkulu (Isaya 59:2). Ngakho-ke okudabukisayo ngokwanele, ukuthi bonke abangathembi umhlatshelo kaKristu bayakufa ezonweni zabo. Ngithi "okudabukisa ngokwanele" ngoba akuphoqelekile kube kanjalo. Akuphoqelekile ukuthi izono ziphendulwe ngabo. Qaphela ukuthi akushiwo ukuthi bayakufa ngenxa yezono zabo, kodwa ezonweni zabo. Izono zabo ziyogcinwa. Abasoze bakhululwe kuzo futhi abasoze baba nokuphila okuphakade. Lokhu kuphula inhliziyo – ikakhulukazi ngoba kungenzeka kugwenywe.

KuJohane 8:21, igama elithi "isono" lisebunyeni, okusho ngokwesimo ukuthi bayakufa necala lokwenqaba uJesu. Bayovalelwa phakade ekungeneni ezulwini, lapho iNkosi eyayiya khona. Kuyiqiniso elibuhlungu! Labo abenqaba ukwamukela uJesu njengoMsindisi neNkosi abanakuba nethemba lezulu. Kubuhlungu kakhulu ukufa ezonweni zakho – ngaphandle kukaNkulunkulu, ngaphandle kukaKristu, ngaphandle kwethemba laphakade!

KuJohane 8:24, igama elithi "izono" likwisiningi. Lokhu kusho ukuthi abangasindisiwe bayakufa nazo zonke izono zabo, hhayi kuphela ukwenqaba uJesu. Kukhona umqondo ngokuthi ngenxa yesono sokwenqaba uJesu, zonke ezinye izono ziyagcinwa.

Isono inkinga yomthetho. Njengoba isono siwukwephula umthetho kaNkulunkulu (1 Johane 3:4), uma sonayo, sithwala umphumela ngokomthetho. UJesu akazange aphule umthetho (1 Petru 2:22). Izono zethu zafakwa kuye ngokomthetho esiphambanweni (1 Petru 2:24). Njengoba umholo wesono kungukufa (Roma 6:23) futhi uJesu wafela izono, ngaleyo ndlela wagcwalisa isidingo somthetho, umthwalo wesono wagcwaliseka ngomhlatshelo kaKristu. Yingakho

akwazi ukusho ukuthi, "kufeziwe!" (Johane 19:30).
Bonke abamukela umhlatshelo kaJesu ngokukholwa
bayakwamukelwa ngokomthetho njengebalungile
phambi kukaNkulunkulu (Roma 5:1). Ukulungiswa
kuwukumemezelwa ngokomthetho kokulunga phambi
kuka Nkulunkulu. Ngakho-ke labo abakholwa kuJesu
uma befa, abafi nezono zabo, ngoba abasenawo
umphumela wazo ngokomthetho. Kodwa labo
abangamthembanga uJesu bazohlala benomphumela
wezono zabo futhi bajeziswe ngomthetho.

"Uzofela esonweni sakho" (Johane 8:21). Isenzo
esisodwa. Yisiphi isono esisodwa laba bantu abasengozini
yokufa kuso? Kungakho ngithe kini niyakufela ezonweni
zenu [ubuningi]; ngoba uma ningathembi ukuthi
NGINGIMI [engithi nginguye] niyofela ezonweni zenu
[ubuningi: "Uma ningakholwa ukuthi Nginguye[engithi
nginguye], nizofa nezono zenu[ubuningi]" (Johane 8:24).
Ukungakholwa kuJesu Kristu kuyisono esenza umuntu
afe nazo zonke ezinye izono zakhe. Ngaphandle
kokukholwa, umuntu uyafa ezonweni zakhe.Uma
uphenduka, unethemba levangeli. Ukungakholwa
kuKristu kukushiya ufele ezonweni zakho, kepha uma
ukholwa ukuthi uJesu unguMesiya, awufi nezono zakho.

Kungani ukukholwa kuJesu kubalulekile kangaka?
Ngoba ukukholwa kuyisibopho sobunye obuphilayo,
lapho uzinikela kuKristu futhi uKristu uzinikela kuwe.
UKristu uba ngumsindisi wakho nomngane wakho.
UKristu uba yiNkosi yakho noMphathi wakho, futhi
uma ungowakhe, ikhaya lakhe liyikhaya lakho.

Kukhona okunye. UJesu waphila impilo engenasono.
Uyena kuphela owakhe wakwena lokho, nongakwenza

lokho. Waphila futhi wafa engenasono. Ibhayibheli lithi: "Wazithwala izono zethu emzimbeni wakhe esiphambanweni" (1 uPetru 2:24). "INkosi yamthwalisa izono zethu sonke" (Isaya 53:6).

Okumangalisayo okuyiqiniso kuwo wonke umuntu okholwa kuJesu Kristu: ukuthi uJesu Kristu wathwala izono zakho ekufeni kwakhe ukuze wena ungazithwali ekufeni kwakho. Kholwa eNkosini uJesu Kristu, umthande, umamukele, umlandele (ngokuzithoba entandweni yakhe) – futhi awufi ngezono zakho. Uzofa kuJesu iNkosi! "Bayabusiswa abafela eNkosini" (IsAmbulo 14:13). Ungafa womile, kodwa akudingeki ufe unxaniwe.

Yini engashiwo kumngane noma kothandekayo ongelona ikholwa lokuzisholo futhi osondela ekufeni? Empeleni ngibe nalokhu muva nje.. Ngaba nomngane osondelene kakhulu nami, engimaziyo iminyaka engaphezu kwamashumi amathathu. Sahlangana ejimini lapho ngangisebenza khona ukuze ngengeze umholo wami wobufundisi. Noma engudokotela ohlinzayo onekhono futhi mina ngingumqeqeshi womzimba, sakha inhlonipho enkulu nobungane obuhle.. Amazwi awanele ukuchaza umngane wami, kodwa uma ngingamchaza, ngingasebenzisa amagama afana nothando, umusa, ukuphana, ukuhlakanipha, ubumnandi, ukunakekela, ukwamukela izivakashi, ukuhleka kalula, nokuba nomusa. Kodwa njengoba sonke, wayeyisoni, futhi engazange afinyelele esimweni esingcwele sikaNkulunkulu.

Ngemuva kokuthuthela eGeorgia eminyakeni engamashumi amabili edlule ukuqala ibandla, ngangivame ukuvakashela umngane wami, ngibuya njalo eFlorida ngichithe amasonto naye. Ngangi langazelela ukumbona.. Wayenempilo enhle, yingakho isifo somdlavuza sasingalindelekile. Kwavela ngokungazelelwe. Ngelinye ilanga wayezwa ubuhlungu obungajwayelekile.

Izivivinyo zaveza ukuthi wayenezimila eziningi emzimbeni wakhe wonke. Akukhona ukuthi ngicabanga ukuthi ivangeli linento yokwenza noFrank Sinatra, kodwa umugqa wakhe eculweni elithi "Leyo yimpilo" uyahambisana lapha: "Undizela phezulu ngo-April, wadutshulwa ngoMeyi." Ngashesha ngayovakashela yena ngoba nganginomuzwa oqinile wokuthi lesi sifo sizomholela ekufeni.

Noma wayenamathalente amaningi, iqiniso lalingelona elinye ngaphandle kokuthi wayeyisoni, njengathi sonke, futhi wayedinga uMsindisi. Ngabe sengimfakazele iminyaka engamashumi amathathu. Ngosuku lokugcina esasibhedlela ndawonye, ngakhala ngisemhlane wakhe, ngoba noma ngangithandaza ngaphandle kokuphumula, ngangizizwa ngokujulile ukuthi lokhu kuzoba isikhathi sokugcina sikhuluma kulo mhlaba. Wayengakwazi ukukhuluma kakhulu, kodwa wayekwazi ukulalela futhi aqonde.

Ngaphakathi kwezinyembezi zami, ngamtshela ukuthi bengizimisele ngisho nokuhamba ngamaglasi aphukile ngezandla namadolo ukuze ngimuzwe ecela kuNkulunkulu ukuthethelelwa kwezono zakhe futhi amamukele uJesu njengeNkosi noMsindisi wakhe. Ngamtshela ukuthi ilena kuphela indlela eya ezulwini nokuthi ngidinga ukwazi ukuthi sizophinde sihlangane futhi. Ngamncenga ukuthi angafi ngezono zakhe. Ngijabule kakhulu ukukutshela ukuthi ngempela wamamukela uJesu njengeNkosi noMsindisi wakhe. Ibhayibheli lithi: "Uma uvuma ngomlomo wakho ukuthi uJesu uyiNkosi, futhi ukholwa ngenhliziyo yakho ukuthi uNkulunkulu wamvusa kwabafileyo, uyakusindiswa" (Roma 10:9).

Iqiniseko lithi impilo inezinto esizikhethayo nezinto esingazikhethiyo. Isibonelo, ukuzalwa kwakho akuyona into oyikhethayo. Ukufa kwakho akuyona into oyikhethayo. Ukuvuka kwabafileyo nakho akuyona into oyikhethayo. Kodwa into okumele uyikhethe yindawo yakho yokugcina. Ibhayibheli lithi bonke abantu bayovuswa ngosuku lokugcina. Abanye bayovuselwa esahlulelweni saphakade, abanye basindiselwe isibusiso saphakade. Kunezinketho ezimbili kuphela.

Namuhla abantu bagxile ekubeni bahlale besebasha, bagcine ubusha babo. Sithathekile ngokubukeka kahle. Bathi amashumi ayisithupha yiwona amashumi amane amasha. Ngithi izibalo zabo ziphume celeni. Noma ngizama ukuzivocavoca nokudla kahle, umzimba wami – kuhlanganise namehlo – usuneminyaka engaphezu kwengamashumi ayisithupha. Muva nje ngiye ngahlolwa amehlo – okwakuyinto engingakayenzi isikhathi eside. Ngakho-ke angizange ngimangale lapho ngitshelwa ukuthi ngidinga izibuko zokufunda.

Kodwa ngamangala lapho ngitshelwa ukuthi kumele ngikhethe ifreymu yezinhlaka. Ngaphakamisa amehlo, ngamangala ukubona amakhulu ezinhlaka ongazikhetha. Angithandi ukwenza izinqumo ezinje. Bengingathanda kube nezimbili kuphela – emnyama noma emhlophe.

Yingakho ngithanda kakhulu ibhayibheli. UNkulunkulu wenze kube lula. Unayo uNkulunkulu noSathane. Unokulunga nokungalungi. Unendlela encane eya ekuphileni nendlela ebanzi eya ekufeni. Unezulu nesihogo. Unezinketho ezimbili: uhlaka olumhlophe noma uhlaka olumnyama.

Ngiyacela ucabange ngendawo yakho yokugcina kanye nokusindiswa kwakho, noma ukungabi nakho. Eminyakeni eyizinkulungwane ezintathu eyedlule, ibhayibheli lathi impilo yethu iyiminyaka engamashumi ayisikhombisa noma engamashumi ayisishiyagalombili (iHubo 90:10), bese kulandela ukwahlulelwa (Hebheru 9:27). Uma sibheka ngokokuphakade, iminyaka engamashumi ayisikhombisa kuya kweyisishiyagalombili iwumzuzu. Ibhayibheli lithi usuku olulodwa lufana neminyaka eyinkulungwane kuNkulunkulu, neminyaka eyinkulungwane iyafana nosuku olulodwa (2 Petru 3:8). Uma sibala ngaleli zinga, impilo yethu ifana nehora nesigamu kuphela. Nansi into: uma ungakaze uphenduke ezonweni zakho futhi ungakaze wamukele uJesu ukuze uthethelelwe izono zakho, ngithandazela ukuthi namuhla kube usuku losindiso lwakho.

UJesu wathi, "Ngingukukhanya kwezwe; noma ubani ongilandelayo ngeke ahambe ebumnyameni kodwa uyakuba nokukhanya okunika ukuphila" (Johane 8:12). Kukhona umhlaba omnyama kakhulu ngoba uJesu akekho khona. Kukhona futhi umhlaba ogcwele uthando, ukuthula nenjabulo ngoba uJesu ukukukhanya kwawo.

UJesu wafela izoni ezifana nawe nami. Mcele umusa. Mcele akuxolele futhi akuhlanze. UJesu wathwala izono zabanye ekufeni Kwakhe ukuze wena ungazithwali ekufeni kwakho. Wena namuhla unjani? Umlandela yini uJesu? Ukholwa yini ukuthi unguMesiya, uMsindisi wezwe? Cabanga lokhu: amadoda amabili afe ngokushaywa yizifo zenhliziyo – eyodwa ishone nezono yazo, enye ishonele eNkosini. Iyiphi eyoba nguwe? Abesifazane ababili bashone ezingozini zemoto – owesifazane oyedwa ushone nezono zakhe, omunye ushonele eNkosini. Iyiphi eyoba nguwe? Uma kwenzeka ufe namhlanje ebusuku, uyoshona nezono zakho noma uyoshonela eNkosini?

ISELA ESIPHAMBANWENI

Amadoda amabili, izigebengu, akhishelwa ngaphandle ukuze abulawe noJesu. Sebefikile endaweni ekuthiwa uKhakhayi, uJesu wabethelwa esiphambanweni. Izigebengu ezimbili nazo zabethelwa, esinye ngakwesokunene sakhe esinye ngakwesokhohlo Sakhe. UJesu wathi: "Baba, bathethelele;noba abaqondi abakwenzayo" (Luka 23:34). Amasosha ayegembula izingubo zakhe ngokujikijela amadayisi.

Isixuku sabukela, abaholi bahleka kakhulu. Bathi: "Wasindisa abanye, ngakho uma enguMesiya ngempela, okhethwe nguNkulunkulu, makazisindise yena" (Luka 23:35). Namasosha amlolodela ngokumnika iwayini elimuncu. Basebememeza bathi kuye: "Uma uyinkosi yabaJuda, zisindise!" (Luka 23:37). Kwaqiniswa isibonakaliso phezu kwakhe ngala mazwi: "Lo uyinkosi yabaJuda" (Luka 23:38).

Esinye sezigebengu ezazilenga kuye samlolodela, sathi: "Wena awusiye uMesiya na? Zisindise kanye nathi!" (Luka 23:39). Kodwa esinye isigebengu saphikisa sathi: "Awumesabi yini uNkulunkulu ngisho nalapho ugwetshelwe ukufa? Sifanelwe ukufa ngenxa yamacala ethu, kodwa le ndoda ayenzanga lutho olubi." Sasesithi: "Jesu, ngikhumbule, nxa usufikile embusweni wakho" (Luka 23:40–42). UJesu waphendula: "Ngiqinisile ngithi kuwe, namuhla uzakuba nami epharadesi" (Luka 23:43 NLT).

Isiphambano siyindawo lapho kwahlangana khona uthando nobulungiswa lapho sonke isintu siye sakalwa satholakala sintula. UJesu walenga elule izingalo, ehlupheka ngenxa yezwe lolahleko. Amasela amabili alenga ngezinhlangothi, enyakaza phakathi kokuphila nokufa, phakathi kwezulu nesihogo-kwaze kwaba yilapho elinye lithi, "Jesu, ngikhumbule lapho ufika njengeNkosi."

Okumangalisayo ukuthi lawa kwakungamazwi okugcina uJesu awezwa ngaphambi kokuba afe. Ayengewona amazwi avela kumholi wenkolo noma komunye wabafundi Bakhe, kodwa avela esigebengwini esivamile. La magama anomqondo othi, "Ungangikhohlwa," okusho ukuthi, "Ngicela ungiyise lapho uya khona." Ngala mazwi amakhulu, "Namuhla uzakuba nami epharadesi," leso sigebengu esivamile sasuswa esiphambanweni saso safakwa ezingalweni zothando zoMsindisi. Asazi okuningi ngesela. Siyazi ekulandiseni kukaMathewu ukuthi wagcona uJesu kanye nesixuku:

Kuyaziwa ekulandiseni kukaMathewu ukuthi abapristi, abafundisi nomthetho, namalunga bamlolodela uJesu, kwathi namanye amacelelesi abethelwe naye bamlolodela ngendlela efanayo (Mathewu 27:41–44).

Nanku umbuzo obalulekile: Yini eyadala ukuthi

isela elilodwa limele uJesu libe nokuzithoba ukuze lizithobe kuYe? Labona into ayengakaze ayibone noma ayizwe. Lapho abantu behlambalaza uJesu, akazange aphindisele. Lapho ehlupheka, uJesu akazange enze izinsongo. Kunalokho, wazibeka kuNkulunkulu, owahlulela ngokulunga. Phakathi kobuhlungu obunzima kakhulu obaziwayo ebantwini, futhi ehlupheka ngenxa yamacala abanye, wakhuleka enkantolo ephakeme kunazo zonke ezulwini, wathi: "Baba, bathethelele; abaqondi abakwenzayo" (Luka 23:34).

Isela lashaqeka. Lajikisa ikhanda kuJesu, futhi ngicabanga ukuthi amehlo abo ahlangana. Lazizwa sengathi uJesu ubona yonke indlela kuze kufike ekujuleni komphefumulo walo. Lazizwa sengathi uJesu ulazi kangcono kunalokho elizazi ngakho, futhi konke kwavezwa. Ngalowo mzuzu, isikhathi sasilimele. Emehlweni kaJesu, isela alingabonanga inzondo, ukudelelwa, nokwahlulelwa. Labona into eyodwa kuphela: intethelelo. Ngalowo mzuzu, isela laqaphela ukuthi uJesu wayengeyena umuntu ovamile.

Isela lalingazi okuningi ngezemfundiso yenkolo. Kodwa lalazi ukuthi uJesu wayeyiNkosi, ukuthi umbuso waKhe wawungewona owalelizwe, nokuthi le Nkosi yayinamandla okuletha ngisho nabantu abangafaneleki kakhulu embusweni Wayo. Ngaleso sikhathi esiseduze noMsindisi, isikweletu sempilo yonke sokuziphatha sakhanselwa.

Kuyamangaza ukucabanga ngakho. Phakathi kokugconwa okuhlazisayo kwesixuku kanye nobuhlungu obunyantisayo bokubethelwa, uJesu wayesaphezu komsebenzi Wakhe wokufuna nokusindisa abalahlekile (uLuka 19:10). Izindaba ezinhle ukuthi uJesu usaqhubeka nomsebenzi wakhe nanamuhla. Njengesela, sonke sibe amasela ezintweni eziningi. Lapho siphakamisa amazwi ethu ngokuthukuthela, sibe sintshontsha ukuthula komunye. Lapho sinemicabango yokuziphatha okubi, sibe sintshontsha isithunzi komunye. Lapho silimaze imizwa yothile, sibe sintshontsha ukuzethemba kwakhe. Lapho sikhulume iqiniso ngaphandle kothando, kungenzeka sibe sintshontsha umbuso ngokududula umphefumulo kude nemingcele yepharadesi. Sonke simi phambi kweNkosi sidalule ekwebeni kwethu. Sonke sinecala. Uma ungakakwenzi lokho, vuma konke kuYedwa ongakwazi ukukuthatha konke. Nifelani ezonweni zenu na? Mvumele uJesu asule isileti sakho esingokomoya, ugcwaliswe ngamandla avela phezulu-amandla angakwazi ukuguqula inhliziyo yakho kuphela, kodwa angashintsha nomhlaba. Cela iNkosi uJesu ukuthi ikukhumbule, nawe futhi, uyoba nayo epharadesi.

AWUPHOQELEKILE UKUTHI UFELE EZONWENI ZAKHO

UNkulunkulu ulunge ngokuphelele, unothando ngokuphelele, muhle ngokuphelele, futhi uyiqiniso ngokuphelele-futhi lezi zici zihlala zigeleza ziphuma kuye njalo njalo. Uthando, umusa, ubuhle, nobuhle beNkosi kwakugcwele kangangokuthi kwageleza kuye ekudaleni izwe elihle nelihle. UNkulunkulu wenza lo mhlaba omuhle waba khona, futhi njengenkazimulo yomqhele womsebenzi wakhe, wadala abantu ngomfanekiso wakhe ukuze bahlanganyele othandweni lwakhe, umusa, nobuhle.

Lapho uNkulunkulu edala abantu, wabanika nenkululeko yokuzikhethela, ngoba uthando luvumela umuntu walolo thando ukuba azikhethele. Amarobhothi kuphela, amakhompyutha, nemishini abangenakho ukukhetha. UNkulunkulu usinike ukhetho lokwamukela nokuhlala othandweni lwakhe noma ukulwenqaba. Ukunika abantu inkululeko yokuzikhethela kwakwenza ukukhetha kwabo kube nesithunzi futhi kwaqaphela umfanekiso kaNkulunkulu phakathi kwabo. Ngemuva kokuba uNkulunkulu edale abantu bokuqala, u-Adamu no-Eva, wabatshela ukuthi konke kwakutholakala kubo, kodwa kwakuyinto eyodwa kuphela okwakungafanele bayenze. Kwakungamelwe badle esihlahleni esisodwa esisengadini. Ngokudabukisayo, lapho belingwa bawela ogibeni, baweqa umugqa. Lokhu akubanganga nje umuzwa wokwehlukana, ukuzisola, amahloni, futhi okubi kunakho konke, icala, kodwa kwavula umnyango wesono esengeziwe, esasizobangela ukuba umhlaba wethu ungene esimweni esiwohlokayo esiye saqhubeka kusukela ngaleso sikhathi.

Kodwa lokhu akukona ukuphela kwendaba. UNkulunkulu akagcini nje ngokuba muhle futhi unothando, kodwa futhi wazi konke futhi unamandla onke. UNkulunkulu wayenalo isu ngaphambi kokuba abeke iziskelo zomhlaba. Wayengafuni ukuthi abantu baphile ebumnyameni, nasekuhlukaneni naye, ngakho wenza icebo elalizolungisa umhlaba ophukile ukuze abantu bathethelelwe, baphulukiswe, babuyiselwe futhi baphile.

UJesu uMesiya, uNkulunkulu ngokugcwele, waba umuntu ngokugcwele futhi wabonisa abantu uthando lukaNkulunkulu ngomhlatshelo Wakhe esiphambanweni. UJesu wanikela ngokuphila Kwakhe ngokuzithandela ukuze ahlawulele izono zethu. Ngemva kwezinsuku ezintathu, uJesu wavuka kwabafileyo, engagcini nje ngokubonisa amandla amakhulu kaNkulunkulu phezu kwesono nokufa, kodwa futhi esazisa ukuthi uma sikholwa, nathi, siyovuswa lapho umbuso ufika.

Abantu basafa ngokwenyama, kodwa ngenxa yokuthi uJesu wasinqoba isono nokufa, abalandeli bakaJesu bayothola ukuphila okuphakade kanye Naye ngemva kokufa kwabo ngokomzimba. Imizimba yabo ingafa, kodwa bayovuselwa ekuphileni okuphakade kanye noJesu.

Ngangivame ukubona izimpawu ezindaweni eziningi ezithi "Johane 3:16." Ngangiwabona ezinkundleni zemidlalo yama-Olympic, ezinkundleni zemidlalo, ezingqwembeni zezikhangiso, njll. Njengomfana owakhulela enkolweni YamaJuda Yobu-Orthodox, ngangingazi ukuthi isho ukuthini noma isho ukuthini. Manje njengekholwa, ngingasho ukuthi cishe umusho odume kakhulu kuzo zonke izincwadi. Lithi, Ngokuba uNkulunkulu walithanda izwe kangaka, waze wanikela ngeNdodana yakhe ezelwe yodwa, ukuba yilowo nalowo okholwa yiyo abe nokuphila okuphakade, kunokuba abhujiswe.

Uma ngempela ume futhi ucabange ngalokhu, kuyamangaza ngempela, ngoba kungumusa kaNkulunkulu osiholela ekuphendukeni (KwabaseRoma 2:4). Ivesi elilandela uJohane 3:16 alaziwa kangako, kodwa libaluleke ngendlela efanayo. NgokukaJohane 3:17 uthi, Ngokuba uNkulunkulu kayithumanga iNdodana ezweni ukuba yahlulele izwe, kodwa ukuba izwe lisindiswe ngayo.

UNkulunkulu akayena umbusi onokhahlo ozimisele ukuthululela intukuthelo yakhe. Kunalokho, inhliziyo yakhe igcwele ububele, futhi uye wafinyelela ezindlekweni eziphelele ukuze asisindise. Wayengathumela indodana yakhe ukuba izolahla umhlaba, kodwa akazange.

Kunalokho, wamthumela ukuba ahlupheke, ophe, futhi afe ukuze izwe lisindiswe ngaye. Angazi noma ubani owayengeke elule isandla sakhe kunogada ukuze asinde uma eminza. Isihluthulelo salokhu ukuthi uqale ubone ukuthi uyaminza. Abantu abaningi benza kahle ngokwanele emehlweni abo kangangokuthi abaziboni bengena ngaphansi kwamanzi. Abavumi ukuthi bawela ngaphansi okwesithathu, ngakho bayenqaba ukumemeza, "Ngisindise!" Ungalindi kuze kube yilapho ususokhukhweni lokufa ukuze ubheke unogada. Ngiyakuncenga namuhla ukuthi wemukele uJesu empilweni yakho. Uyena kuphela umqaphi omudingayo ngempela.

I-Let's Make a Deal wumdlalo we-TV owasakazwa okokuqala e-United States ngo-1963 futhi usuphinde waphindwa emazweni amaningi emhlabeni jikelele. Lapho ngisengumfanyana, sasineziteshi ezathathu kuphela zokubukela i-TV. Imibukiso yemidlalo ibijabulisa kakhulu ukuyibuka, futhi ngangivame ukweseka lowo ohlulwayo, njengoba ngisenza kuze kube namuhla.

Isakhiwo se-Let's Make a Deal sihlanganisa umsingathi exhumana namalungu ezethameli akhethiwe, aziwa ngokuthi "abahwebi." Ngokuvamile, umhwebi unikezwa into ebalulekile bese ebhekana nesinqumo sokuthi ayigcine noma ayishintshele into engaqondakali. Ingqikithi yomdlalo ilele kule mfihlakalo-umhwebi akazi uma into ifihliwe inenani elilinganayo noma elikhulu, noma uma i-"zonk," umklomelo wenani elincane noma ongenalo kumhwebi.

Ekupheleni kombukiso, umsingathi ukhetha abantu abathathu abazimisele ukudela imiklomelo yabo ukuze bazame ukuhwebelana ukuze bathole "imali enkulu yosuku". Umqhudelani ngamunye ovumayo ukhetha omunye weminyango emithathu. Umsingathi ubuza ongenele umncintiswano wokuqala, "Ingabe ufuna inombolo yomnyango wokuqala, inombolo yomnyango wesibili, noma inombolo yomnyango wesithathu?" Omudeleli olandelayo ukhetha phakathi kweminyango emibili esele, bese omudeleli wokugcina anikezwe umnyango osele kuphela. Ngeshwa kumuntu oyedwa, ngemuva komunye weminyango kuhlala kunomklomelo we-zonk noma i-booby.

Ukukhetha Okukabili NoNkulunkulu (The Dual Choice with God) NgoNkulunkulu, nokho, siyazi ukuthi yini engasemuva kweminyango, futhi ukukhetha kulula kakhulu ngoba kuneminyango emibili kuphela ongakhetha kuyo. Uma ukhetha inombolo yomnyango wokuqala, uthola uJesu njengomhlatshelo wokuthethelelwa kwezono zakho, futhi uthola okukhulu, hhayi nje okosuku, kodwa phakade.

Uma ukhetha inombolo yomnyango wesibili, awumtholi uJesu nomhlatshelo wakhe wokuthethelelwa kwezono zakho, kodwa ufa ezonweni zakho kuze kube phakade-okuyi-zonk yokugcina. Ngiyazi ukuthi kubonakala kulula kakhulu, kodwa lapho ufinyelela ngempela ekuqondeni okubi kwakho nobugovu bakho, futhi lapho ufinyelela ubuhlungu nokuhlupheka okubangele abanye, uba nemizwa yecala, okuyinto enhlengoba lokhu kuholela ekuphendukeni nasekuguqukeni.

Uza phambi kukaNkulunkulu futhi umthathe ezwini Lakhe lokuthi uzokugeza uhlanzeke futhi akunike inhliziyo entsha. Isimangaliso siyenzeka uma ukhetha ukumlandela. Uzokushintsha kusuka ngaphakathi ukuya ngaphandle. Uzokunika amandla futhi akuqondise ukuze usuke ekubeni i-zonk uye ekubeni into yakhe enkulu-hhayi kakhulu ngokwenkazimulo yakho, kodwa mayelana nokusetshenziswa nguye ukushintsha isimo somoya somhlaba wonke. Ungangibuzi ukuthi ukwenza kanjani.

Kunezinto ezingachazekiyo, izimfihlakalo ezijule kakhulu ukuthi zingaqondwa, nezimo eziyinqaba ezidida ingqondo ehlakaniphe kakhulu. Engikwaziyo ukuthi ngangiyinkosi yobugovu, ngizicabangela mina, futhi manje sengiphilela abanye futhi ngibeka abanye abantu kuqala kunami. Ushintsho olukhulu lwenzekile kimi, futhi ngiyaluthanda! Sicela ukhethe inombolo yomnyango wokuqala-futhi ungafeli ezonweni zakho!

MAYELANA NOMBHALI

URabi uGreg Hershberg wazalelwa eNew York City futhi wakhulela e-Orthodox Judaism. Uthole iziqu e-Pace University, i-Magna Cum Laude futhi kamuva wasebenzela ifemu yokusesha ephezulu eNew York City, egxile kwezamabhange nezezimali. Ngo-1989, washada noBernadette futhi ngenkathi eseholidini lakhe langemva komshado e-Israel wavakashelwa yiNkosi okwaphendulela inhliziyo yakhe ekukhonzeni uNkulunkulu. Ngo-1992, uRabi Greg waba yingxenye ye-Mesianic Jewish Movement futhi wagcotshwa i-International Association of Messianic Congregations and Synagogues (IAMCS). Waba umholi weBandla likaMesiya laseBeth Juda. Ngo-2002, iNkosi yathuthela uRabbi Greg nomndeni wakhe eMacon, eGeorgia, ukuyohola iBandla laseBeth Yeshua. Inkonzo yaba emhlabeni wonke ngo-2010 futhi Ibandla i-Beth Yeshua laba yi-Beth Yeshua International (BYI). Okwakuyibandla lendawo elingaphambi kwesitolo kwaba yisikhungo senkonzo/sokuqeqesha eMacon, eGeorgia, enamabandla nezikole e-India, Kenya, Ethiopia, Australia, Germany, Israel, kanye naseMelika yonkana. Ngaphezu kwalokho, imilayezo kaRabi Greg isakazwa bukhoma emhlabeni wonke. Njengamanje uRabi Greg uhlala eMacon, eGeorgia, nomkakhe, uBernadette, nezingane zabo ezine. Okuningi ngoRabi Greg kungatholakala encwadini yakhe yokuphila, Kusukela ku-Projects To The Palace.

www.bethyeshuainternational.org